100문장으로 읽는 데일 카네기 『인간관계론』

KB208436

100문장으로 읽는

데일카네기
인간관계론

데일카네기 지음
콘텐츠랩 엮음

사람의 마음을 사로잡는
성공하는 인간관계의 비밀
세계 위인 명언으로 배우는
데일카네기 가르침

새로운 콘셉트로 탄생한 명품 자기계발서

데일 카네기가 쓴 『인간관계론』과 『자기관리론』은 세계적인 베스트셀러다. 우리나라에서도 이미 수많은 독자들을 확보해 자기계발서 분야의 명작으로 손꼽는다. 하지만 두 책 모두 1930년대에 처음 만들어지다 보니 지금의 독자들이 읽기에는 시대 상황에 맞지 않는 내용이 적지 않은 것이 현실이다. 예를 들어 사회생활 측면에서 지나친 상하 관계 묘사나, 가정 내 남편과 아내의 성차별적 표현, 미국 중심의 역사관 등이 그렇다.

그렇다면 데일 카네기의 『인간관계론』과 『자기관리론』을 고리타분한 옛날식 사고방식이라며 멀리해야 하나?

아니다, 그렇게 하기에는 두 책에 담긴 삶과 생활의 지혜가 너무나 훌륭하다. 비록 표현 방식은 오늘날과 맞지 않을지언정 그 안에 담긴 참뜻은 시대를 초월해 우리에게 시사하는 바가 크다. 그래서 바로 그와 같은 이유로 이 책을 기획하게 되었다. 우선 『인간관계론』과 『자기관리론』 두 권의 도서를 늘 분주하게 살아가는 현대인들이 독서하기 수월하게 100가지 주제로 선별해 정리했다. 모두 원작에 나오는 명문장들을 위주로 가려 뽑았다. 그 다음에는 시대에 어울리지 않는 표현과 설명을 깔끔하게 윤문해 누구나 읽기 부담 없는 새로운 콘셉트의 책으로 탄생시켰다.

이번에 펴내는 『100문장으로 읽는 데일 카네기 인간관계론』
과 『100문장으로 읽는 데일 카네기 자기관리론』은 원작에 담
긴 내용의 모든 엑기스를 망라했다. 내용은 훨씬 간단명료하
게 정리했으되 그 안에 깃든 교훈은 그대로 살아 있다는 뜻이
다. 다시 말해, 원래 데일 카네기가 독자들에게 전하려고 했
던 핵심을 더욱 돋보이게 편집했다는 것이다. 따라서 새로운
모습으로 다가가는 두 권의 책을 통해 모든 독자들의 삶과 생
활에 의미 있는 변화가 있으리라 기대한다.

콘텐츠랩

목차

존 록펠러(미국 석유 사업가)

"사람을 다루는 능력, 즉 인간관계에 관한 기술도 커피나 설탕 같은
상품과 다를 바 없다. 그런 능력을 향상시켜주는 교육을 받을 수 있다
면, 나는 다른 어떤 중요한 일 못지않게 많은 돈을 지불할 의향이 있
다."

우리 안에 잠재되어 있는 인간관계의 기술

미국 프린스턴 대학 총장을 역임한 존 히번 박사는 "교육은 사람들이 살아가면서 부딪히는 다양한 상황에 대처하는 능력을 키워준다."라고 말했다. 그럼에도 최근까지 인간관계에 대한 심도 있는 교육은 거의 이루어지지 않았다. 그나마 도서관에서 발견한 몇몇 책은 그 수준이 너무 낮아 질 낮은 처세술에 지나지 않았다. 그래서 나는 직접 인간관계에 관한 책을 쓰며 강의를 하기로 마음 먹었다.

우리는 대체로 자신이 가진 능력의 절반 정도만 활용하고 있다. 다시 말해 신체적 · 정신적 능력의 일부만 사용하고 있는 것이다. 따라서 상당수 인간이 자신의 능력에 훨씬 못 미치는 삶을 살고 있다고 말할 만하다. 그와 같은 한계는 인간관계에도 나타난다. 우리는 좀 더 나은 인간관계의 가능성을 스스로 찾지 못한 채 인생을 살아간다. 그래서 나는 여러분이 이 책을 꼼꼼히 읽어, 우리 안에 내재되어 있는 인간관계의 비법을 깨닫게 되기를 바란다.

조지 버나드 쇼(아일랜드 극작가 · 비평가)

"단순히 가르쳐주기만 하는 것으로 사람은 절대 배울 수 없다."

무엇을 배우면,
실생활에 적용해 봐

학습은 능동적인 과정이다. 직접 해봐야 진짜 배우는 것이다. 여러분이 이 책을 통해 삶을 변화시키고 싶다면, 내가 이야기하는 내용을 생활 속에서 직접 실천해보아야 한다. 실제로 자신이 생활에 적용해본 지식만이 오래도록 기억에 남는다.

물론 나의 조언들을 항상 실천하기는 어려울 것이다. 예를 들어 나는 당신이 기분 나쁠 때도 다른 사람의 입장을 헤아리라고 말하지만, 대개의 경우 다른 사람을 비판하고 욕하는 것이 훨씬 쉬울 것이다. 또한 상대가 원하는 것을 들어주는 것보다 당신이 원하는 바를 주장하는 편이 훨씬 자연스러운 일이다. 그럼에도 여러분은 이 책을 읽으면서 단순히 정보를 얻으려고 하는 것이 아니라는 점을 명심할 필요가 있다. 여러분은 이제 새로운 습관을 만들려고 시도해야 한다. 새로운 삶의 방식을 만들어내야 하는 것이다. 그렇게 하려면 시간과 인내심을 갖고 책으로 배운 것을 실생활에 적용하려는 노력이 필요하다.

존 워너메이커(미국 우정국 장관)

"남을 시기하고 원망하는 것은 어리석은 짓이다. 하나님이 왜 나에게 도 공평하게 재능을 주지 않았을까 한탄하느니 자신의 부족함을 이겨 내기 위해 더 많은 노력을 기울이는 편이 바람직하다."

데일카네기 가르침

타인에 대한
시기와 원망을 내던져라

사람들은 대부분 자기 자신을 반성하는 대신 타인을 질투하며 비난하기 바쁘다. 하지만 그런 질투와 비난은 상대가 곧 방어 태세를 띠며 자신을 변호하게 만들 뿐 백해무익하다. 그와 같은 태도는 인간의 소중한 자존심에 흠집을 내고, 자아존중감에 상처를 내며, 분노를 불러일으키기 때문에 아주 위험하다.

그런데 왜 남을 시기하고 원망한단 말인가. 툭하면 자식에게 투덜대는 부모, 서로에게 잔소리를 쏟아 붓는 부부, 습관처럼 부하직원을 꾸짖기 좋아하는 상사 등 타인의 잘못을 지적하고 싶어 안달하는 사람들이 한번쯤 곱씹어봐야 할 말이다. 만약 그럴 시간이 있다면, 차라리 자신의 부족함을 깨달아 자기계발에 힘쓰는 편이 훨씬 낫다.

에이브러햄 링컨(미국 제16대 대통령)

"섣불리 상대를 비난하지 마라. 누구라도 그와 같은 상황에 놓인다면 똑같은 행동을 할 수 있으니까."

데일카네기 가르침

누구라도 똑같이
잘못할 수 있어

  인간은 자기가 잘못된 행동을 해놓고도 다른 사람을 비난하기 일 쑤다. 우리 모두에게 그런 나쁜 습관이 있다. 하지만 비난이란 집 비둘기와 같은 법. 집비둘기는 언제나 자기 집으로 돌아오는 본 능을 가졌다. 따라서 우리가 어떤 잘못을 바로잡아주겠다며 상대 를 비난해봤자, 그는 곧바로 자신을 정당화하며 오히려 우리를 비 난하려고 들 것이 틀림없다. 그러므로 섣불리 상대를 비난하느니 '그 상황에서는 그럴 수밖에 없었겠지.' 하며 이해하는 편이 바 람직하다. 나아가 링컨은 "어느 누구에게도 악의를 품지 말고 모 두를 사랑하자."라고 말하기도 했다.

로버트 브라우닝(영국 시인 · 극작가)

"사람은 자기 자신과의 싸움을 시작할 때 진정 가치 있는 사람이 된다."

데일카네기 가르침

먼저 자기 자신을
변화시켜야 해

여러분은 지금 주위에 있는 누군가를 변화시키고 싶은가? 내가 바라는 대로 그 사람의 생각과 행동을 개선시키고 싶은가?

좋다! 하지만 그에 앞서 우선 당신 자신을 바꿔보는 것이 어떨까? 순전히 시간 투자 대비 손익을 따지는 관점에서 봐도, 다른 사람을 바꾸려고 애쓰는 것보다 자기 자신을 바꾸는 편이 훨씬 더 이득이 많을 것이다. 또한 그것은 덜 위험한 일이기도 하다. 로버트 브라우닝의 말을 실천해 자기 자신을 완성하는 데는 오랜 시간이 걸릴지 모른다. 하지만 그와 같은 시도는 분명 최고로 보람된 일이 틀림없다. 나아가 자기 자신과의 투쟁을 통해 가치 있는 인간으로 성장해야만 다른 사람에게 훈계를 할 때도 당당할 수 있다.

공자(중국 사상가)

"내 집 앞이 더러운데 옆집 지붕에 눈 쌓인 것을 탓하지 마라."

데일카네기 가르침

자존심이라는 화약고를
건드리지 마

누군가를 비난해서 상대방이 상처를 입었다면, 그 상처는 쉽게 소멸하지 않고 지속된다. 그때 비판이 정당했는가는 중요한 문제가 아니다. 나 아닌 누군가를 대할 때, 인간은 논리의 동물이 아니란 점을 명심하자. 인간은 근본적으로 감정의 동물이며, 나아가 편견에 가득 차 있고, 자존심과 허영심에 의해 행동한다는 사실을 깨달아야 한다.

다른 사람을 비난하는 것은 위험한 불꽃놀이다. 그 불꽃은 자존심이라는 화약고를 건드려 상대방을 폭발하게 만든다. 그 폭발은 심지어 상대방의 죽음을 재촉하는 원인이 될 수도 있다. 실제로 영국 문학을 풍성하게 한 위대한 소설가 토머스 하디는 비평가들의 신랄한 비판이 원인이 되어 절필에 이르렀다. 영국 시인 토머스 채터튼은 비평가와 독자들의 혹평에 시달리다 스스로 목숨을 끊고 말았다. 대개의 경우, 일방적인 비난과 힐책은 진정으로 상대방을 변화시키지 못한다. 오히려 미처 예상하지 못한 크나큰 부작용을 빚어내기 십상이다.

벤자민 프랭클린(미국 정치인)

"나는 어느 누구도 쓸데없이 비난하지 않는다. 그 사람의 단점을 들추기보다 장점을 찾아내 이야기하는 것을 좋아한다."

타인을 대하는 태도에서 위대함이 나타난다

설령 어리석기 짝이 없는 사람이라 해도 서슴없이 타인을 비난하며 불평한다. 그리고 실제로 대부분의 어리석은 사람들이 아무런 반성 없이 그와 같은 행동을 반복한다. 다른 사람을 이해하고 용서하는 것은 뛰어난 품성과 참을성을 가진 사람만이 할 수 있는 남다른 능력이다.

"위대한 사람의 위대함은 평범한 사람들을 대하는 태도에서 나타난다."라고 영국 역사학자 토머스 칼라일이 이야기했다. 그러니 이제부터라도 주변 사람들을 쉽게 비난하는 대신 이해하려고 애써보자. 그들이 대체 무슨 이유로 그런 행동을 하는지 헤아리려고 노력해보자. 그것이 여러분 자신에게 비판보다 훨씬 더 유익한 일이다. 또한 상대방을 이해하려는 노력을 통해 우리는 세상에 공감하고 타인에게 관용을 내보일 수 있다.

지그문트 프로이트(정신분석 창시자 · 의사)

"인간의 모든 행동은 두 가지 동기에서 비롯된다. 그것은 다름 아닌 성적 욕구와 위대해지고 싶다는 욕망이다."

데일카네기 가르침

인정받는다는
생각이 들게 하라

프로이트가 말한 '위대해지고 싶다는 욕망'이란, 다른 사람들에게 인정받는 것을 의미한다. 미국의 유명한 심리학자 존 듀이 교수는 인간 본성에서 가장 깊은 자극이 "인정받는 인물이 되고자 하는 욕망"이라고 주장했다.

내가 생각하기에, 사람을 긍정적으로 움직이게 하는 방법은 하나밖에 없다. 그것은 스스로 마음이 동해서 행동하게 하는 것이다. 물론 상대방의 가슴에 총을 겨누며 돈을 내놓으라고 위협할 수는 있다. 직원에게 해고하겠다고 협박하여 당신의 눈앞에서 열심히 일하는 척하게 만들 수도 있다. 또한 회초리를 들어 당신의 아이가 책상 앞에 앉아 공부하게 할 수도 있다. 하지만 그런 어설픈 방법은 결국 사람들의 반항심을 불러일으킬 뿐이다.

타인을 움직이게 하는 유일한 방법은 상대가 원하는 것을 주는 것이다. 사람들은 무엇을 원하는가? 그것은 바로 타인에게 인정받는 것, 그리하여 자신이 위대하다고 느끼는 것이다.

월리엄 제임스(철학자 · 미국 하버드대학 교수)

"인간 본성 중에 가장 기본적인 원리는 다른 사람들에게 인정받고자 하는 갈망이다. 단순히 '바람'이나 '소망'이 아닌, 절대 사라지지 않을 뜨거운 '갈망'이다."

데일카네기 가르침

상대방의 가치를
인정해줘

 윌리엄 제임스 교수 역시 존 듀이와 같은 주장을 펼쳤다. 자신의 가치를 인정받고자 하는 욕망은 인간과 동물을 구분 짓는 매우 중요한 특징이다. 인간에게 그런 욕망이 없다면, 남들보다 배움이 짧고 가난한 식료품 가게 점원이었던 에이브러햄 링컨이 우연히 갖게 된 한 권의 법률 책을 계기로 공부에 몰두하지 않았을 것이다. 따지고 보면 찰스 디킨스가 불멸의 소설을 쓰게 된 것도 독자들에게 인정받고 싶다는 욕망 때문이었다. 크리스토퍼 랜이 위대한 건축물을 만들게 된 것도 다름 아닌 세상 사람들에게 인정받고 싶다는 욕망 때문이었다. 그와 같은 인간의 욕망은 존 록펠러가 평생 다 쓰지도 못할 만큼 큰돈을 벌게 만들기도 했다. 어디 유명인뿐이겠는가. 인간만이 가진 그 특징은 평범한 사람들이 최신 유행하는 옷을 사 입고, 고급 차를 몰며 자식 자랑을 하게 만들기도 했다. 그 역시 자신이 타인에게 인정받고 싶다는 욕망을 갖고 있기 때문에 일어나는 현상이다.

찰스 슈와브(미국 기업인)

"사람들의 열정을 불러일으키는 능력이 제가 가진 최고의 자산인 것 같습니다. 열정을 불러일으키는 비결은 칭찬과 격려입니다. 상사의 비난만큼 직원들의 의욕을 꺾는 것은 없지요. 나는 결코 부하 직원들을 비난하지 않습니다. 그보다는 그들에게 긍정적인 동기를 부여하는 것이 효과적입니다. 그것은 결점을 찾아내는 것이 아니라 칭찬하는 데서 시작됩니다."

데일카네기 가르침

칭찬과 격려의
힘

내가 알기에, 역사상 100만 달러의 연봉을 처음 받은 사람은 월터 크라이슬러와 찰스 슈와브이다. 왜 앤드류 카네기는 찰스 슈와브에게 그처럼 엄청난 연봉을 주었을까? 그가 천재여서? 아니다. 그가 다른 어떤 사람들보다 철강 제조 공정을 잘 알고 있어서? 천만에. 그는 자기보다 철강 제조에 대해 잘 아는 사람들이 회사에 많다고 말했다.

찰스 슈와브가 오너인 앤드류 카네기에게 인정받은 비결은 '사람을 잘 다루었기' 때문이다. 그가 직접 이야기한 내용을 살펴보면 그 방법을 알 수 있다. 그런데 보통 사람들은 어떻게 할까? 정확히 반대로 행동한다. 대부분의 사람들은 어떤 일이 마음에 안 들 때 상대방에게 화를 내면서도, 괜찮은 결과에 대해서는 별다른 칭찬을 하지 않는다. 그런 상사를 어떤 직원들이 진심으로 따르겠는가?

앤드류 카네기(미국 기업인 · 철강 사업가)

"슬기로운 사람들을 주위에 모이게 하는 방법을 안 현명한 사람, 여기에 잠들다."

데일카네기 가르침

주변에 사람들이
모여들게 하는 비법

찰스 슈와브 못지않게 다른 사람들에 대한 칭찬과 격려의 중요
성을 깨달았던 인물이 앤드류 카네기다. 그는 아무리 지위가 높고
고매한 인격을 가진 사람이라 하더라도 비난받을 때보다 칭찬받
을 때 맡은 바 임무를 훌륭히 해낸다는 사실을 잘 알고 있었다. 심
지어 그는 옆 페이지에 인용한 문장을 자신의 묘비명으로 삼고 싶
어 했을 만큼 일상생활 속에서 타인에 대한 칭찬과 격려를 실천하
려고 노력했다. 그는 그것이 슬기로운 사람들을 자기 주변에 모여
들게 하는 비법이라고 믿어 의심치 않았다. 또한 그것이 곧 자신
이 현명한 사람이라는 사실을 증명한다고 생각했다. 철강왕으로
불렸던 그의 경이적인 성공 뒤에는 바로 그와 같은 마음가짐이 있
었던 것이다.

알프레드 런트(미국 영화배우)

"나에게 가장 필요한 것은 내 자존감을 채워줄 수 있는 칭찬의 말이다."

누구나 마음을 열게 하는 칭찬

칭찬의 효능은 아무리 강조해도 지나치지 않다. 우리는 자녀와 친구에게, 또 직장 동료에게 이런저런 호의를 베풀지만 그들의 자존감은 얼마나 채워주고 있을까? 그들에게 맛있는 음식을 사주고 함께 술잔을 기울이며 동료애를 돈독히 쌓으려 하지만, 오랫동안 기억에 남을 따뜻한 칭찬의 말은 얼마나 건넸을까?

어쩌면 이렇게 반문할 독자들이 있을지 모르겠다. "칭찬이 아첨과 뭐가 달라? 또 나도 칭찬해봤지만, 똑똑한 사람들에게는 씨알도 먹히지 않더라고." 하지만 칭찬과 아첨은 분명 다르다. 아첨은 분별력 있는 사람에게 절대 통하지 않는다. 아첨은 저급하고 이기적이며 진실하지 않기 때문이다. 그와 달리 진심어린 칭찬은 사람들이 마음의 문을 열게 하는 데 아주 효과적이다. 그런 효능은 똑똑한 사람들에게도 틀림없이 통한다.

알바로 오브레곤(멕시코 제46대 대통령)

"너를 공격하는 적을 두려워 말라. 그보다 너에게 아첨하는 자들을 경계하라."

칭찬과 아첨은
완전히 달라

아첨과 칭찬의 차이는 무엇일까?

그것은 간단하다. 칭찬은 진심이고, 아첨에는 진심이 담겨 있지 않다. 칭찬은 마음에서 우러나오는 것이고, 아첨은 입술에서 나오는 말일 뿐이다. 또한 칭찬은 이기적이지 않지만, 아첨은 매우 이기적이다. 칭찬은 모든 사람이 좋아하지만, 아첨은 결국 모든 사람이 비난하게 된다.

오래전 영국 국왕 조지 5세는 버킹엄 궁 서재 벽에 여섯 가지 격언을 걸어두었다. 그중 하나가 "값싼 칭찬은 받지도 주지도 말게 하라."는 문장이었다. 아첨은 바로 값싼 칭찬에 지나지 않는다. 알바로 오브레곤은 값싼 칭찬을 하는 사람, 즉 아첨꾼을 적보다 더 경계했다. 아첨꾼은 여러분이 바라는 것과 정확히 일치하는 말을 달콤하게 속삭인다.

랄프 왈도 에머슨(미국 사상가 · 시인)

"그것이 어떤 면이든, 내가 만나는 모든 사람이 나보다 나은 점을 갖고 있다. 나는 다른 사람들에게서 배울 것을 찾는다."

다른 사람의
장점에 대해 생각해봐

사람들은 대부분의 시간을 자기 자신에 관해 생각하며 지낸다. 그렇지만 이제부터라도, 짧은 시간 동안만이라도, 자신에게 몰두하는 것을 멈추고 다른 사람의 장점에 대해 생각해보면 어떨까? 랄프 왈도 에머슨 같은 위대한 사상가도 다른 모든 사람들에게서 배울 점을 찾았다는데, 우리 같은 평범한 사람들은 더더욱 그와 같은 노력을 기울여야 한다.

잠깐이라도 좋다. 우리 자신의 업적, 자기가 바라는 것에 대한 생각을 멈춰보자. 그리고 다른 사람들의 장점을 떠올려보자. 그러면 아첨꾼의 아부 따위도 비집고 들어올 틈이 없을 것이다. 상대방에게 진실하고 정직한 칭찬을 하자. 그러면 그들은 당신의 말을 가슴 깊이 간직해 평생 되새길 것이다. 설령 당신은 그 사실을 잊어도, 상대방은 오랫동안 두고두고 그 칭찬을 기억할 것이다.

데일 카네기(미국 자기계발 강연자 · 작가)

"나는 여름마다 낚시를 즐긴다. 나는 딸기 빙수를 매우 좋아한다. 하지만 물고기들은 이상하게도 벌레를 좋아한다. 나는 낚시를 갈 때, 내가 좋아하는 것은 생각하지 않는다. 물고기들이 좋아하는 것만 생각한다. 내가 좋아하는 딸기빙수를 미끼로 삼지 않는다는 말이다."

상대방이 원하는 것에 대해 말하라

왜 자신이 원하는 것에 대해서만 말하는가? 이것은 참으로 미숙한 행동이다. 물론 인간은 누구나 자신이 원하는 것에만 관심이 있다. 죽을 때까지 영원히 그럴 것이다. 그러므로 당신 아닌 다른 사람들 역시 당신이 원하는 것에 별 관심이 없다는 사실을 명심해라. 모든 사람이 당신이 그렇듯 자신이 원하는 것에만 관심을 갖는다.

따라서 다른 사람들을 움직일 수 있는 유일한 방법은 상대방이 원하는 것에 대해 말하고, 상대방이 원하는 그 무엇을 얻는 방법을 알려주는 것이다. 그러니까 낚싯바늘에는 딸기 빙수가 아니라 물고기가 좋아하는 먹잇감을 달아두어야 한다는 말이다.

해리 오버스트리트(미국 심리학자)

"인간의 행동은 마음속에 내재한 욕구에서 비롯된다. 따라서 장차 리더가 되려고 하는 사람에게 줄 수 있는 최고의 충고는 다음과 같다. 무엇보다, 다른 사람들의 마음에 강렬한 욕구를 불러일으켜라! 그렇게 할 수 있는 사람은 세상을 가질 수 있다. 반대로 그렇게 할 수 없는 사람은 외로운 길을 걷는다."

자신이 원하는 것만 생각하는 실수는 그만

랄프 왈도 에머슨에 관한 일화다.

어느 날, 그가 아들과 함께 송아지를 우리로 몰려고 했다. 하지만 그들은 자신이 원하는 것만 생각하는 실수를 저질렀다. 에머슨은 우리를 향해 송아지를 힘껏 밀었고, 아들은 앞에서 잡아끌려고만 했다. 하지만 송아지도 에머슨 부자와 똑같이 자신이 원하는 것만 생각하고 있었다. 그래서 네 다리로 버티며 목초지를 벗어나지 않으려고 안간힘을 썼다.

그때 하녀가 그 광경을 보았다. 그녀는 에머슨처럼 강의하고 책을 쓸 수는 없지만, 그 상황에서는 누구보다 송아지에 대해 더 많이 알고 있었다. 그녀는 잠시 송아지가 원하는 것이 무엇인지 생각하더니, 자신의 손가락을 어린 가축의 입속에 집어넣어 빨게 했다. 그러자 송아지는 그녀를 어미로 여겼는지 아주 평화롭게 외양간으로 걸음을 옮기기 시작했다.

헨리 포드(미국 자동차 기업 '포드'의 설립자)

"다른 사람의 생각을 유심히 파악하고, 자신의 관점에서만 아니라 상
대방의 관점에서 사물을 바라볼 줄 아는 능력. 그것이 성공의 유일한
비밀이다."

017

상대방의 관점에서
생각해봐

인용한 헨리 포드의 말은 훌륭한 인간관계를 위한 최고의 충고라고 할 만하다. 이 말은 너무나 간단명료해서 누구나 즉시 그 진의를 파악할 수 있지만 적어도 90퍼센트에 달하는 사람들이 별 자각 없이 무시하고 살아간다.

하지만 성공하는 사람들은 그런 어리석음을 범하지 않는다. 가난 때문에 한 시간에 2센트 받는 일에서 시작해 마침내 3억6,500만 달러를 기부할 만큼 성공한 스코틀랜드 청년 앤드류 카네기도 그렇지 않았다. 그는 사람을 움직이는 유일한 방법이 다른 사람이 원하는 바를 이야기하는 것이라는 사실을 어려서부터 깨달았다. 비록 정규 교육을 받은 것은 4년에 불과하지만, 그는 사람을 대하는 방법에 대해 누구보다 잘 알고 있었다. 헨리 포드보다 앤드류 카네기가 조금 앞선 시대를 살았지만, 두 사람에게 그와 같은 공통점이 있었다.

오언 영(미국 법률가)

"다른 사람의 입장에 서서, 다른 사람의 마음을 읽는 능력을 가지고 있는 사람은 미래를 걱정할 필요가 없다."

018

데일카네기 가르침

세일즈맨의 실패에는
이유가 있다

많은 세일즈맨들이 충분한 수입을 얻지 못한 채 피곤에 찌들어 거리를 돌아다니고 있다. 왜일까? 그들은 항상 자신이 원하는 것만 생각하기 때문이다. 그들은 여러분이나 내가 어떤 상품도 섣불리 구입하지 않는다는 사실을 깨닫지 못하고 있다. 고객은 자의적 필요와 판단에 따라 상품을 사고 싶어 한다. 우리는 모두 자신의 문제를 해결하는 데 끊임없는 관심을 가질 뿐이다. 그러므로 만약 세일즈맨이 자기 회사의 서비스나 상품이 우리의 어떤 문제에 어떻게 도움이 된다는 것을 설명한다면 훨씬 더 좋은 판매 성과를 거둘 수 있을 것이다. 모든 고객은 자신이 직접 상품을 선택하고 싶어 하지, 누군가에게 현혹당하거나 강매당하는 느낌을 받고 싶어 하지 않는다. 그럼에도 여전히 많은 세일즈맨들은 고객의 입장에 서보지 않은 채 거리를 헤매 다니며 인생을 허비한다.

월리엄 윈터(미국 작가 · 평론가)

"자기표현 욕구가 인간 본질의 가장 중요한 요소다."

인간은 누구나 자기를
표현하고 싶어 해

내 강의의 수강생이었던 한 엔지니어가 다섯 살짜리 딸에게 아침 밥을 먹이는 일로 골치 아파 하고 있었다. 날마다 반복적으로 꾸짖고, 간청하고, 달래봤지만 모두 허사였다.

"어떻게 하면 이 아이가 스스로 아침을 먹고 싶은 마음이 들게 할 수 있을까?"

부부가 곰곰이 생각해보니, 딸아이는 평소 엄마처럼 행동하기를 좋아했다. 그래서 이튿날 엄마는 아이에게 아침 식사 준비를 도와 달라고 부탁했다. 아이가 신바람을 내며 아침 식사를 준비하고 있을 때 아빠가 부엌에 들어왔다. 그러자 아이가 의기양양해하며 소리쳤다.

"아빠 보세요! 내가 오늘 아침 식사를 만들었어요!"

그날 아침 아이는 부부가 간청하지 않아도 시리얼을 두 그릇이나 먹었다. 아이가 식사 준비를 하면서 자존감을 느꼈고, 자신을 표현할 수 있는 기회를 얻었기 때문이다.

알프레드 아들러(오스트리아 정신의학자)

"인생에서 가장 큰 어려움을 겪는 사람은 타인에게 관심이 없는 사람
이다. 그런 유형의 인간은 언젠가 다른 사람에게 큰 해악을 끼치게 될
지 모른다. 인간의 모든 실패가 바로 거기에서 비롯된다."

데일카네기 가르침

관심 받고 싶으면
관심을 가져라

 어느 조사 기관에서 사람들이 전화 통화 중 가장 많이 쓰는 단어
를 조사했다. 그 결과는 예상대로 일인칭대명사 '나' 였다. 무작위
로 선정한 500건의 전화 통화에서 그 단어는 무려 3,990번이나
사용되었다.

 여러분은 단체 사진을 볼 때 누구를 가장 먼저 찾는가?

 그 경우도 전화 통화와 다르지 않을 것이다. 우리는 너나없이 자
기 얼굴부터 찾기 바쁘니까. 당신이 다른 사람들에게 먼저 관심을
갖지 않는데, 왜 다른 사람들이 당신에게 관심을 가져야 한단 말
인가? 자신에게 그러하듯 상대방에게 관심을 갖는 것, 바로 거기
에서 인간관계의 성공이 시작된다.

하워드 서스톤(미국 마술사)

"많은 사람들이 내 쇼를 보러 와 줘서 참 감사한 일이야. 내가 잘살 수 있는 것도 모두 관객들 덕분이지. 오늘도 나의 능력껏 최선의 공연을 펼쳐야겠어."

거짓 없이 다른 사람들을 존중하라

마술사 하워드 서스톤은 40여 년 동안 전 세계를 돌아다니며 신비한 환상을 만들어내 수많은 관객을 매혹시켰다. 지금까지 무려 6천만 명이 넘는 사람들이 마술쇼를 보러 온 덕분에 그는 엄청난 돈을 벌어들였다. 그의 성공 비결은 과연 무엇이었을까?

하워드 서스톤에게는 다른 마술사들이 가지고 있지 않은 두 가지 비결이 있었다. 그중 하나는 그가 인간의 본성을 잘 안다는 점이었다. 그런 능력은 관객의 호기심을 불러일으키는 치밀한 무대 연출을 가능하게 했다. 그리고 다른 하나는 관객을 향한 존중이었다. 하워드 서스톤은 인간에 대한 진실한 관심이 있었다. 공연을 앞둔 일부 마술사들은 객석을 바라보며 '오늘도 호구들이 많이 왔군. 저런 멍청이들을 속이는 건 식은 죽 먹기지.'라고 생각한다. 하지만 그는 거짓 없이 관객에게 고마워하며 더없이 존중하는 마음을 가졌다.

프랭클린 루스벨트(미국 제32대 대통령)

"지금 창문 밖에 메추리가 있으니 어서 내다보게."

사소한 것까지
배려하는 마음

프랭클린 루스벨트에게는 제임스 아모스라는 시종이 있었다. 그는 『시종의 영웅, 루스벨트』라는 책을 통해 감동적인 일화를 소개했다.

'언젠가 내 아내가 산책하는 대통령에게 메추리에 대해 물어본 적이 있었다. 메추리를 한 번도 본 적이 없는 아내에게 대통령은 최대한 상세하게 설명해주었다. 그리고 며칠 후 우리가 있는 방으로 전화가 걸려 왔다. 대통령이 직접 연락해, 지금 창문 밖에 메추리가 있으니 어서 내다보라는 것이 아닌가. 그렇게 아랫사람에게도 사소한 것까지 배려하는 이가 바로 루스벨트였다. 그는 사람들 곁을 지날 때마다 언제나 다정히 이름을 부르며 이런저런 안부를 묻고는 했다.'

그러니 고용인들이 어떻게 그와 같은 상사를 좋아하지 않을 수 있겠는가? 사람들이 어떻게 인간적으로 그를 따르지 않을 수 있겠는가?

푸블릴리우스 시루스(고대 로마 시인)

"대부분의 사람들은 자기에게 관심을 갖는 이에게만 관심을 보인다."

먼저 마음의 문을 두드려라

친구를 사귀고 싶으면 자신을 버리고 상대방을 위해 무슨 일이든 해주어라. 이를 위해서는 시간과 노력, 희생 그리고 사려 깊은 마음이 필요하다. 영국 국왕 에드워드 8세가 황태자였을 때 남아메리카를 순방할 기회가 있었다. 그는 순방을 떠나기 전, 그곳의 언어로 연설하기 위해 몇 달 동안 스페인어를 배웠다. 그 결과 남아메리카 사람들 모두 그에게 환호를 보내며 좋아했다.

사업을 할 때도 마찬가지다. 상대방이 하는 말을 무심히 흘려듣지 마라. 뉴욕의 은행 직원인 찰스 월터스는 "12살 먹은 아들을 위해 우표를 수집하고 있어요." 라며 거래처 사장이 지나가는 소리로 한 말을 기억해두었다가 은행 외환 부서에서 수집해놓은 우표들을 선물했다. 그러자 사장은 깜짝 놀라며 기뻐했고, 그 일이 계기가 되어 대형 거래를 성사시킬 수 있었다. 그처럼 인간은 자기에게 관심을 갖는 사람에게 호의를 베푸는 법이다.

데일 카네기(미국 자기계발 강연자 · 작가)

"미소는 '나는 당신을 좋아해요. 당신은 나를 행복하게 해줍니다. 나는 당신을 만나게 되어 기쁩니다.'라는 말과 다름없다."

다이아몬드보다 값진
미소의 가치

나는 얼마 전 뉴욕에서 열린 만찬에 참석했다. 손님들 가운데 막대한 유산을 상속한 여자가 있었다. 그녀는 모든 사람들에게 좋은 인상을 주려고 애쓰는 모습이 역력했다. 그녀는 모피 코트를 비롯해 다이아몬드와 진주를 사는 데 많은 돈을 썼을 것이 틀림없었다. 하지만 그녀는 얼굴 표정만큼은 어쩌지 못했다. 무뚝뚝한 그녀의 표정은 이기심으로 가득해 보였다. 그녀는 얼굴 표정이 입고 있는 옷보다 더 중요하다는 상식을 모르는 것 같았다.

진정한 미소는 먹구름 사이에서 비치는 햇살과 같다. 거짓 웃음? 그런 웃음에는 아무도 속지 않는다. 그렇게 기계적으로 내보이는 웃음은 오히려 상대방의 화를 치밀게 할 수도 있다. 내가 말하는 미소는 진실어린 마음에서 우러나오는 미소다. 성공한 사람들이 가진 미덕 중 하나는 상대방을 사로잡는 따뜻한 미소다.

윌리엄 제임스(철학자 · 미국 하버드대학 교수)

"행동이 감정을 따라오는 것 같지만, 사실 행동과 감정은 동시에 일
어난다. 더 직접적으로 의지의 통제를 받는 행동을 조절하면 의지가
통제할 수 없는 감정을 간접적으로 조절할 수도 있다. 그러므로 유쾌
해지기 위한 최고의 방법은, 유쾌한 마음을 갖고 이미 기분이 좋은 것
처럼 행동하며 이야기하는 것이다."

데일카네기 가르침

사고방식과 마음가짐이 중요해

세상의 모든 사람들은 행복을 추구한다. 그런데 행복을 찾는 확실한 한 가지 방법이 있다. 그것은 바로 당신의 생각을 통제함으로써 얻게 된다. 행복은 외부 조건에 달려 있는 것이 아니라 당신의 마음가짐에 달려 있다. 재산, 지위, 직업 따위가 결코 당신을 행복하거나 불행하게 만드는 것이 아니다. 당신의 사고방식이 당신의 행복과 불행을 결정한다.

웃고 싶지 않다고? 그럴 때는 어떻게 해야 하나?

두 가지 방법이 있다. 첫 번째, 억지로라도 웃어라. 혼자 있다면 휘파람을 불거나 콧노래라도 흥얼거려라. 두 번째, 당신이 행복한 사람인 것처럼 행동해라. 그러면 머지않아 저절로 행복해질 것이다. 우리는 자주 마음가짐이 행동을 지배하는 경우를 보지 않나. 철학자 윌리엄 제임스도 그렇게 이야기하고 있다.

윌리엄 셰익스피어(영국 극작가)

"세상에는 좋고 나쁜 것이 따로 없다. 사람들의 사고방식이 그렇게 만들 뿐이다."

데일카네기 가르침

인생과 사업의 성패를 가르는 것

미국의 한 기업인이 말했다.

"나는 자신의 사업을 놀이처럼 즐거워해 성공한 몇몇 사람을 알고 있다. 그런데 그들이 언젠가부터 사업을 그저 먹고살기 위한 밥벌이로 생각하더니, 갑자기 일상이 지겨워지고 일에 대한 흥미를 잃어버려 끝내 회사 문을 닫기에 이르렀다."

그의 말은 어떤 의미를 담고 있을까? 이제 '근면함이 성공의 문을 여는 유일한 열쇠다.'라는 오래된 격언이 예전만큼 효력을 발휘하지 못하는 시대다. 무작정 열심히 일만 하면 모든 문제가 해결될까? 아니다. 그에 앞서 일을 대하는 사고방식이 성공과 실패를 가르는 더욱 근본적인 요소가 되었다고 해도 틀린 말이 아니다. 위대한 작가 윌리엄 셰익스피어는 세상의 좋고 나쁜 것도 인간의 사고방식이 만들어내는 것이라고 주장했다. 나는 사업의 성패나 인생의 행복도 우리의 사고방식, 또는 마음가짐에 따라 좌우된다고 믿는다.

엘버트 허버드(미국 작가·출판 경영자)

"어떤 책을 읽었다고? 누군가에게 교육을 받았다고? 하지만 행동으로 실천하지 않으면 아무 소용없는 일이다."

데일카네기 가르침

구슬이 서 말이라도
꿰어야 보배

세인트루이스 카디널스 3루수 출신이자 성공한 보험사 직원인 프랭클린 베트거는 미소를 띠는 사람이 어디에서나 환영받는다는 사실을 오래전부터 알고 있었다. 그래서 그는 영업을 위해 고객을 찾아가기 전에 반드시 잠시 멈춰 서서 감사해야 할 일을 떠올리며 마음에서 우러나오는 환한 미소를 지었다. 그리고는 그 미소가 사라지기 전에 고객이 있는 사무실로 얼른 들어섰다. 그는 그와 같은 단순한 방법으로 보험 세일즈 업계에서 큰 성공을 거두었다.

진정한 미소가 중요하다는 사실을 알고만 있으면 뭐 하나? 실천하지 않으면 아무 소용없는 노릇이다. 내일부터라도 집에서 나올 때는 턱을 당겨 똑바로 머리를 세우고 맑은 공기를 흠뻑 들이켜라. 친구와 만나면 웃으며 인사하고, 고객과 악수할 때는 미소에 진심어린 영혼을 불어넣어라. 괜히 오해받을 걱정을 하거나 미운 사람을 생각하는 데 시간을 낭비하지 마라. 그리고는 밝게 웃으며 자신이 이루고 싶은 목표를 향해 흔들리지 말고 나아가라.

프랭크 플레처(미국 광고기획자)

"미소 없이 살 수 있는 부자는 없고 미소를 누리지 못할 만큼 가난한
사람도 없다. 미소는 가정에 행복을 주고, 사업에서는 호의를 만들어
내며, 우정의 징표가 된다. 미소는 지친 사람에게 위로를 주고, 낙심
한 사람에게 희망을 주며, 슬퍼하는 사람에게는 태양이 된다."

미소가
인생을 변화시킨다

마음속에 당신이 되고 싶어 하는 유능하고 정직하고 쓸모 있는 사람을 그려보라. 그러면 당신이 품고 있는 생각이 시간의 흐름에 따라 당신을 그런 사람으로 만들어 줄 것이다. 생각의 힘은 굉장하다. 올바른 마음가짐을 갖도록 노력하라. 용기, 정직, 긍정적인 마음가짐을 갖도록 노력하라. 올바르게 생각하는 것이 곧 창조하는 것이다. 모든 것은 무엇인가를 바라는 것에서 비롯되며, 간절한 기도는 반드시 응답받는다. 우리는 우리의 마음이 이끄는 대로 살아가게 된다.

미소도 다르지 않다. 미소하는 사람이 결국 웃게 된다. 프랭크 플레처는 인용한 글에 덧붙여 "더 이상 미소가 남아 있지 않은 사람에게 가장 필요한 것은 당신의 미소다." 라고 이야기했다. 미소의 효력은 상상보다 훨씬 더 놀랍다. 미소가 우리의 삶을 변화시킨다.

짐 팔리(미국 민주당 전국위원회 의장)

"아니오. 틀렸어요. 나는 5만 명의 이름을 기억하고 있습니다."

데일카네기 가르침

상대방의 이름부터
정확히 기억하라

옆에 인용한 짐 팔리의 말은 "의장님은 만 명의 이름을 기억하신다면서요?" 라는 나의 질문에 대한 대답이었다. 놀랍게도, 그것이 그의 성공 비결이었다. 그는 고등학교 문 앞에도 가본 적이 없었지만, 46살이 되기 전에 미국의 4개 대학에서 명예박사 학위를 수여했다. 그는 민주당 전국위원회 의장을 거쳐 체신국장 자리에 오르기도 했다.

젊은 시절 짐 팔리는 세일즈맨으로 사회생활을 시작했다. 그는 새로운 고객을 만날 때마다 그 사람의 이름과 가족 관계, 직업, 정치적 견해 등을 알아내 꼼꼼히 메모했다. 그리고 그것을 정확히 기억해두었다가 다음번에 다시 그 고객을 만나면 반갑게 안부를 물었다. 꽤 오랜 시간이 지났는데도 자기 이름과 가족들의 일까지 기억하는 세일즈맨을 어떻게 외면할 수 있겠나. 그는 세일즈맨으로 성공했다. 그를 좋아하고 지지하는 사람들이 늘어간 것도 당연한 결과였다.

앤드류 카네기(미국 기업인 · 철강 사업가)

"제 생각에는 회사명을 '풀먼팰리스'라고 하는 것이 좋을 듯합니다.
괜찮겠지요?"

030

명분을 주고
실리를 구하는 전략

오래전, 앤드류 카네기가 소유한 철도 회사와 조지 풀먼의 철도 회사가 합병을 논의했다. 원래 경쟁 관계였던 두 회사가 큰 이익이 날 만한 사업을 공동으로 따내기 위해 힘을 합치기로 한 것이다. 그런데 앤드류 카네기와 달리 조지 풀먼은 좀 망설이는 눈치였다. 그러자 앤드류 카네기가 옆에 인용한 말을 조지 풀먼에게 건넸다. 합병 회사의 새로운 명칭으로 자기 이름을 내세우겠다는 제안을 하자, 그제야 조지 풀먼도 흔쾌히 계약서에 서명했다.

그렇듯 앤드류 카네기는 사람 다루는 법을 잘 알았기 때문에 기업인으로 성공할 수 있었다. 그 후에도 그는 여러 차례 사업 파트너의 이름을 존중해주며 실리를 챙겼다. 자기 이름에 관심을 갖고 집착하는 사람들의 심리를 이용한 것이다. 그는 사업 초기에는 공장 직원들의 이름을 일일이 기억하기도 했다. 직원들은 그 사실에 자부심을 느끼며 파업까지 자제하는 결과로 이어졌다.

나폴레옹 3세(프랑스 초대 대통령 · 제2제정 황제)

"미안합니다. 내가 이름을 제대로 알아듣지 못했네요. 다시 한 번 말해줄래요? 스펠링까지 알려주면 더 좋겠군요."

031

중요한 존재라는
느낌이 들게 하라

나폴레옹 3세는 바삐 국정을 살피는 와중에도 만나는 사람들의 이름을 일일이 기억하려고 노력했다. 그리고 그는 그 사실에 자부심을 느꼈다. 나폴레옹 3세는 상대방과 대화를 나누면서 몇 번이고 그 이름을 반복해 되뇌었다. 상대방의 이름에 대입해 외모, 표정, 말투의 특징 등을 연관시킨 것이다.

물론 상대방이 중요한 사람이라면 나폴레옹 3세는 더욱 많은 노력을 기울였다. 그는 나중에 혼자 남게 되면 종이에 상대방의 이름을 집중해 써가며 완전히 기억하려고 애썼다. 그러고 나서는 과감히 그 종이를 찢어버렸다. 그런 방식은 귀뿐만 아니라 눈을 통해서도 상대방의 이름과 인상을 머릿속에 깊이 각인시키는 데 큰 도움이 되었다. 그것은 다른 사람의 호의를 얻을 수 있는 가장 간단하고 확실한 방법이었다. 누군가의 이름을 기억한다는 것은 그 사람에게 자신이 중요한 존재라는 느낌이 들게 하니까 말이다.

잭 우드포드(미국 작가)

"자신의 이야기를 귀 기울여 들어주는 사람에게 빠져들지 않는 사람은 없다. 그것은 은근한 아부라고 할 만하다."

032

데일카네기 가르침

경청하는 태도는
최고의 예의다

나는 최근에 저명한 식물학자를 디너파티에서 만났다. 나는 식물학자와는 이야기를 나눠본 적이 없어서 그의 이야기에 한동안 완전히 빠져들었다. 그리고 어느덧 밤이 되자 파티에 참석한 사람들이 서로 작별 인사를 나누었다. 그때 그 식물학자가 파티 주최자에게 나에 대한 칭찬을 늘어놓았다. 나중에는 내가 '가장 흥미로운 대화 상대'였다는 찬사로 끝을 맺었다. 내가 가장 흥미로운 대화 상대였다고? 나는 거의 말을 하지 않았는데?

사실 나는 식물학에 대해 아는 바가 거의 없어 이렇다 하게 할 말이 없었다. 그래서 단지 그의 말을 주의 깊게 들었을 뿐이다. 나는 진심으로, 그의 이야기를 재미있게 들었다. 그러자 상대방도 그런 분위기를 느끼는 것 같았다. 자신의 말에 귀 기울여주는 상대가 있으니 그는 무척 기분이 좋았을 것이다. 그처럼 상대방이 이야기를 경청하는 태도는 우리가 타인에게 보이는 최고의 예의라고 할 수 있다.

찰스 엘리엇(미국 하버드대학 총장)

"성공적인 사업 상담의 비법은 없다. 상대방이 하는 이야기에 집중하는 것이 무엇보다 중요하다. 경청이 상대방에 대한 최고의 찬사다."

경청이
분노를 잦아들게 한다

항상 불평하는 사람, 가장 거친 비판자도 인내심 있게 귀 기울여 경청하는 사람 앞에서는 불만이 누그러지게 마련이다. 그들이 코브라처럼 몸을 빳빳이 세우고 독을 내뿜는 동안 경청하는 사람은 조용히 침묵함으로써 사태를 진정시킨다.

비싼 임대료를 내고 목 좋은 매장을 마련해 값비싼 상품들로 쇼윈도를 그럴듯하게 장식하면 뭐 하나? 많은 돈을 들여 광고해놓고도 고객의 불만을 귀담아 듣지 않거나 고객을 짜증나게 해서 쫓아내는 직원을 고용하면 그 모든 노력이 허사로 돌아가지 않겠나? 경청은 사업이 성공의 길로 갈 수 있게 하는 첫 번째 조건이다. 아무리 불만 가득한 소비자도 자기 말에 귀 기울여주는 사람 앞에서는 감정을 누그러뜨리게 마련이니까. 경청은 상대방을 존중한다는 분명한 메시지다.

아이작 마코슨(미국 저널리스트)

"대화를 나누다 보면, 사람들은 흔히 다음에 자기가 할 말을 생각하느라 상대방 이야기에 몰입하지 않는다. 그러나 명심하라. 성공한 사람들은 말 잘하는 사람보다 상대방의 말을 잘 들어주는 사람을 좋아한다. 상대방의 말을 잘 듣는 능력은 다른 어떤 재능보다 터득하기 어렵다."

타인의 이야기에
귀 기울이는 재능

얼마 전 나는 한 모임에서 어느 귀부인을 만났다. 그녀는 "카네기 씨, 당신은 세계 곳곳에 강연을 다닌다면서요? 그동안 방문했던 도시들의 멋진 경치에 대해 이야기해주세요."라고 부탁했다. 그런데 내가 정작 말문을 열려고 하자, 그녀는 자신이 최근에 남편과 함께 아프리카 여행을 다녀왔다고 말했다. "아프리카요?" 나는 큰 소리로 외쳤다. "정말 재밌었겠네요! 저도 아프리카에 가보고 싶지만, 알제리에 고작 하루 동안 머물렀을 뿐이에요. 정말 맹수들이 우글거리는 곳에 가보셨나요? 부럽네요! 아프리카 이야기 좀 해주세요."

그러자 그녀는 45분 동안 자신이 경험한 아프리카 이야기를 늘어놓았다. 그녀는 어느새 나의 여행에는 아무런 관심도 갖지 않았다. 그녀가 진짜로 원하는 것은 내 이야기가 아니라, 자신을 과시할 수 있게 자기 이야기를 들어줄 사람이었다. 그녀에게는 타인의 이야기에 귀 기울이는 재능이 없었다.

무명씨(에이브러햄 링컨의 친구)

"그는 내가 귀 기울여 이야기를 들어준 것만으로도 마음이 한결 편안 해진 것 같았다."

035

데일카네기 가르침

그냥 이야기를 들어주기만 해도 위안이 된다

　남북전쟁이 한창일 때, 에이브러햄 링컨이 일리노이에 사는 옛 친구에게 워싱턴으로 와달라고 부탁했다. 링컨은 몇 가지 문제에 대해 그와 상의하고 싶다고 말했다. 오랜 친구는 흔쾌히 백악관을 찾았고, 링컨은 노예 해방 선언을 해도 괜찮을지 그와 마주앉아 몇 시간 동안 이야기했다. 링컨은 노예 해방에 반대하는 입장과 찬성하는 입장을 전부 설명한 다음 그에 관한 신문 기사까지 일일이 읽어주었다. 그리고 나서 링컨은 웬 일인지 옛 친구에게 아무런 의견도 묻지 않은 채 일리노이로 돌려보냈다. 몇 시간 동안 링컨 혼자 이야기를 했던 것이다. 하지만 그 일은 그가 생각을 정리하는 데 크게 도움을 준 듯했다. 처음부터 링컨은 조언을 바라지 않았다. 그가 원한 것은 자신의 속마음을 털어 놓을 수 있는 경청하는 사람이었다. 우리에게 어떤 문제가 생겼을 때 진정으로 원하는 것도 바로 그것이다. 성난 고객, 불만을 터뜨리는 직원, 상심한 친구가 원하는 것은 다름 아닌 경청해주는 사람이다.

니콜라스 버틀러(미국 콜롬비아대학 총장)

"자신밖에 생각하지 않는 사람은 교양 없는 인간이다. 아무리 교육을
잘 받았다고 해도, 그는 분명 교양 없는 사람이다."

036

자아도취에 빠져
조롱당하지 마라

누구도 그렇게 되기를 바랄 리 없지만, 당신의 등 뒤에서 사람들이 당신을 비웃고 조롱하며 심지어 경멸하게 하고 싶은가? 그렇다면 아주 간단한 방법이 있다. 다른 사람들이 하는 말은 듣지 말고 끊임없이 당신 자신에 대해 떠들어라. 다른 사람이 이야기하고 있을 때 무언가 생각나는 것이 있다면, 그가 이야기를 끝낼 때까지 기다리지 말고 과감히 끼어들어라. 언제나 상대방이 당신만큼 똑똑하지 않다고 생각하라. 왜 멍청한 사람이 하는 이야기를 듣는데 시간을 낭비하는가? 당신은 귀를 닫은 채 당신의 이야기만 쏟아내면 된다.

설마 그런 사람이 있겠느냐고? 불행히도 나는 그런 사람들을 적잖이 알고 있다. 꽤 유명한 사람들도 그와 같은 행동을 별다른 자각 없이 일삼고는 한다. 그들은 자신만을 생각하고, 자신만을 이야기한다. 그들은 자아도취에 빠져 자신이 세상에서 가장 중요하다고 착각한다. 그들은 어리석은 사람들이다.

찰스 노섬 리(미국 교육 전문가)

"상대방에게 재미있는 사람이 되고 싶은가? 그렇다면 우선 내가 상대방에게 흥미를 가져야 한다."

데일카네기 가르침

상대방이 즐겁게
대답할 질문을 해라

당신이 지금 이야기를 나누고 있는 상대는 당신에 대한 관심보다
자기 자신에 대해 몇 백배나 더 관심을 갖고 있다. 당연한 일 아닌
가. 그것이 인간의 속성 중 하나니까. 아프리카 대륙에서 100만
명이 굶어 죽는 기근보다 자신의 치통을 더 심각하게 느끼는 것이
인간이다. 자기 목에 난 종기가 지구촌 어디에서 큰 지진이 일어
나고 해일이 밀려오는 것보다 더 큰일이라고 생각하는 것이 인간
이다.

그러니 인간을 이해한다면, 대화할 때 상대방이 흔쾌히 대답해
줄 질문을 해라. 그가 자신에 대해 즐겁게 이야기하고, 자신이 이
룬 업적을 신나게 떠들 수 있게 부추겨주어라. 그래야만 대화에
흥미를 느끼는 것이 인간이다. 썩 유쾌한 일은 아니지만, 그렇게
해야 인간관계가 더욱 원활해지는 것이 현실이다.

가말리엘 브래드포드(미국 전기 작가)

"방문객이 카우보이든, 기병대 장교든, 뉴욕의 정치가든 외교관이든 상관없이 루스벨트는 항상 상대방에게 적합한 대화의 소재를 갖고 있었다."

데일카네기 가르침

남다른 노력 없이
호감을 살 수는 없다

지난날 오이스터 만에 있는 프랭클린 루스벨트를 방문한 사람은 누구나 그의 해박한 지식에 놀랐다. 그는 방문객의 직업과 나이, 교육 수준 등에 걸맞은 맞춤형 대화에 능숙했다. 나아가 방문객이 관심을 갖는 분야에 대해 해박한 지식을 갖추고 있었다. 어떻게 그런 일이 가능했을까? 답은 간단하다.

프랭클린 루스벨트는 어떤 방문객이 찾아오기로 약속하면, 전날 밤 늦게까지 그 손님이 흥미를 가질 만한 주제를 다룬 책을 읽었다. 그는 다른 사람의 마음을 얻는 최고의 방법이, 상대방이 가장 좋아하는 것을 대화의 주제로 삼는 것임을 잘 알고 있었다. 그는 친구를 사귀고 자기와 의견이 다른 사람들을 설득하는 데 쓰이는 실제적인 방법을 찾기 위해 시간과 비용을 아끼지 않았다. 훗날 대통령 자리에까지 오른 프랭클린 루스벨트가 놀랄 만한 인기를 누린 데는 그럴 만한 이유가 있었다.

월리엄 펠프스(미국 예일대학 교수)

"사람의 마음을 얻는 최고의 방법은 상대방이 가장 좋아할 만한 이야기를 대화의 소재로 삼는 것이다."

대화의 소재를 정하는
바람직한 기준

윌리엄 펠프스 교수가 인용한 문장과 같은 사고방식을 갖게 된 계기가 있었다. 그는 8살 때 친척인 린슬리 아주머니 집에서 주말을 보낸 적이 있었다. 그날 저녁에 한 신사가 방문했다. 신사는 아주머니와 이런저런 인사를 나눈 뒤, 펠프스를 상대로 열심히 이야기를 시작했다. 당시 8살밖에 되지 않은 아이는 보트를 무척 좋아했는데, 신사는 흥미로운 태도로 보트에 관해 자기가 아는 지식을 들려주었다.

얼마 후 신사가 떠나자 펠프스는 신바람을 내며 소리쳤다. "그분은 정말 멋져요! 보트를 저만큼이나 좋아하시더라고요." 그런데 아주머니는 신사가 보트에 별 관심이 없는 사람이라고 말했다. 그 말에 윌리엄 펠프스가 고개를 갸웃대며 물었다. "그럼 그분이 왜 저한테 보트에 대해 말씀하셨을까요?" 아주머니는 "그분이 신사이기 때문이지. 네가 보트에 관심이 많다는 것을 알고, 어린 너를 기분 좋게 해줄 대화거리가 보트라고 생각한 거야."라고 이야기했다.

헨리 듀버노이(미국 뉴욕의 제빵 사업가)

"만일 제가 호텔 대표의 관심사를 몰랐다면, 그에게 가까이 다가가기가 열 배는 더 힘들었을 것입니다. 지난 4년 동안 그 호텔에 빵을 납품하려고 기울였던 모든 노력이 자칫 헛수고가 될 수 있었지요."

상대방의 관심사부터 파악하라

헨리 듀버노이는 뉴욕의 대형 호텔에 빵을 납품하려고 애썼다. 그는 4년 동안 매주 대표를 찾아갔다. 심지어 그 호텔에 오랫동안 투숙하기도 했다. 하지만 아무 소용없었다.

그 후 인간관계에 대해 공부한 듀버노이는 전략을 수정했다. 그는 대표가 흥미 있어 하는 것을 알아내기로 결심했다. 대표는 전미호텔협회 회장에, 국제호텔협회 회장까지 겸하고 있었다. 호텔협회에 관한 일이라면 늘 앞장서는 사람이었다. 그래서 듀버노이는 다음부터 대표를 만나면 호텔 협회에 관해 이야기하기 시작했다. 반응은 놀라웠다. 대표는 신바람을 내며 듀버노이의 이야기에 흥미를 보였다. 호텔 협회에 관련된 일이 그에게는 삶의 큰 즐거움인 듯했다. 그동안 듀버노이는 빵에 대한 이야기를 일절 하지 않았다. 그런데 며칠 후 호텔 총지배인으로부터 빵 샘플과 가격표를 가져오라는 전화가 걸려 왔다. "대체 어떻게 했기에 대표님이 당신에게 홀딱 빠져 있지요?"라고 지배인이 듀버노이에게 물었다.

데일 카네기(미국 자기계발 강연자 · 작가)

"저 직원이 나를 좋아하게 만들어보자. 그가 내게 호의를 갖게 하려면, 무턱대고 나의 일을 앞세울 것이 아니라 그가 듣기에 유쾌한 말을 해야 한다. 내가 진심으로 저 사람을 칭찬할 것이 뭐가 있을까?"

데일카네기 가르침

반복되는 삶에
활력을 불어넣어주려면

 나는 등기우편을 보내기 위해 우체국에서 가서 줄을 섰다. 창구
에는 제법 나이 들어 보이는 남자 직원이 심드렁한 표정으로 앉아
있었다. 그는 날마다 우편물의 무게를 재 요금 계산을 하고 영수
증을 발부해주는 일이 싫증나는지 지루해하는 표정이 역력했다.
나는 차례를 기다리면서 어떻게 하면 그에게 활력을 불어넣어줄
수 있을까 고민했다.

 곧 나의 순서가 되어 그가 우편물의 무게를 잴 때 말했다. "정말
좋은 머릿결을 가지셨네요. 저는 자꾸 숱이 줄어들어 걱정인데."
순간 나를 올려다보는 그의 얼굴에 미소가 가득했다. "뭘요, 젊
을 때처럼 좋지는 않아요." 나는 다시 나이에 비해 여전히 멋지
다고 강조했다. 그러자 그는 꽤 기분이 좋아보였다. 그는 나와 대
화를 나누며 부지런히 맡은 바 일을 처리했다. 장담컨대, 그는 저
녁에 집에 돌아가 오늘 나와 있었던 일을 아내에게 이야기할 것이
다. 그리고 거울을 보며 혼잣말을 중얼대겠지. "내가 머릿결 하나
는 좋단 말이야." 라고.

존 듀이(미국 심리학자)

"항상 상대방으로 하여금 자신이 중요한 사람이라는 느낌을 갖게 하라."

042

당신이 대접받고 싶은 대로 다른 사람을 대접하라

심리학자 존 듀이는 중요한 존재로 인정받으려는 소망이 인간의 가장 뿌리 깊은 욕망이라고 말했다. 윌리엄 제임스 교수도 인간 본성의 가장 깊은 본질은 인정받고 싶어 한다는 것이라고 주장했다. 내가 생각하기에도 그것이 인간을 동물과 다르게 만들어주는 대표적인 욕망이다. 그 덕분에 인간은 문명을 발달시켜 올 수 있었다.

상대방에게 자기가 중요한 사람이라는 느낌을 갖게 하는 것. 그 규칙은 새로운 것이 아니다. 페르시아의 조로아스터교는 이미 3천 년 전에 추종자들에게 그 규칙을 가르쳤다. 중국의 공자는 일찌감치 24세기 전에 그 규칙을 이야기했다. 예수 역시 오래전부터 그 규칙을 설교했다. "다른 사람에게 대접받고 싶은 대로 다른 사람을 대접하라." 그것은 아마도 세상에서 가장 기본적이면서, 가장 중요한 규칙일 것이다.

데일 카네기(미국 자기계발 강연자 · 작가)

"'귀찮게 해드려 미안합니다만…….', '실례지만 제가 먼저…….', '이렇게 도와주셔서 감사합니다.' 같은 말들은 단조로운 일상의 톱니바퀴가 부드러워지게 기름을 쳐준다. 아울러 그런 말은 좋은 교육을 받았다는 증거가 된다."

043

데일카네기 가르침

누구나, 언제나
가질 수 있는 일상의 예의

옆에 인용한 말들은 일상생활에서 언제나 사용 가능하다. 그와 같은 칭찬의 규칙을 사용하는 데 여러분이 굳이 성공한 기업가나 대학 교수, 위대한 작가가 될 필요는 없다. 여러분의 직업이 무엇이든, 나이와 성별이 어떻든 누구나 매일 이 규칙을 사용해 마법 같은 효과를 거둘 수 있다.

만약 당신이 감자튀김을 주문했는데 종업원이 통감자를 가져왔다면 정중히 말해보자. "손님이 많다 보니 주문이 잘못 들어간 것 같네요. 저는 감자튀김을 시켰는데요." 라고. 좀 더 유머러스하게 "뭔가 착오가 있었나 보군요. 저는 통감자보다 감자튀김을 좋아합니다." 라고 해도 괜찮을 것이다. 그러면 종업원은 진심으로 사과하며 기꺼이 다시 감자튀김을 가져다 줄 것이 틀림없다. 여러분이 종업원을 존중하면, 그도 최대한 예의를 갖추게 마련이다.

윌리엄 셰익스피어(영국 극작가)

"인간, 오만한 인간이여! 한낱 보잘것없는 얄팍한 권위를 앞세워 하늘을 앞에 두고도 장난을 치고 있구나."

044

데일카네기 가르침

오만은
인간관계를 망친다

변변하지 못한 사람일수록 역겨울 정도로 요란하게 자신을 내세우려든다. 많은 사람들이 자신이 남들보다 어느 면에서는 우수하다고 믿는다. 개인과 개인의 관계뿐만 아니라 집단과 집단 사이에서도 자주 나타나는 현상이다. 미국인들 중에는 자신이 일본인보다 뛰어나다고 생각하는 사람들이 있다. 일본인들 중에도 자신이 미국인보다 뛰어나다고 생각하는 사람들이 있다. 특정 종교를 가진 근본주의자들은 외국인보다 자신들이 우월하다고 주장한다. 다른 종교를 가진 사람의 그림자가 조금이라도 스치면 음식이 더럽혀졌다며 먹지 않는 종교도 있다고 한다. 흔히 에스키모라고 불리는 이누이트는 백인에 대해 어떻게 생각할까? 이누이트는 게으르고 쓸모없다고 느끼는 사람을 가리켜 "이런, 백인 같은 놈!"이라고 욕한다. 애국심을 넘어, 어느 나라 국민이 다른 나라 국민보다 일방적으로 우수하다고 생각해 전쟁이 일어나기도 한다. 그게 다 인간의 오만이다.

도날드 맥마흔(미국 건축가)

"와! 정말 좋은 취미를 갖고 계시네요. 판사님의 멋진 개를 보고 감탄했습니다. 저는 해마다 매디슨스퀘어가든에서 열리는 강아지 콘테스트에서 판사님이 큰상을 타셨다는 소식을 들었습니다."

045

데일카네기 가르침

솔직한 칭찬은
힘이 세다

건축가 도날드 맥마흔이 어느 법률가 집의 조경 설계를 맡았다. 정원에 어떤 나무를 심을지 의뢰인과 의논하던 맥마흔이 마당 한쪽에 서 있는 늠름한 개를 보고 옆에 인용한 말을 건넸다. 그러자 법률가는 얼른 뒷마당에 있는 개사육장으로 그를 데려가 자기가 키우는 여러 마리의 반려견을 보여주었다. 법률가의 표정에는 자부심이 가득했다. 그는 개들의 족보를 들고 와 혈통을 자랑하기에 이르렀다.

잠시 뒤, 법률가가 건축가에게 자녀가 있는지 물었다. 맥마흔이 고개를 끄덕이자, 그는 다시 "아이들이 강아지를 좋아하나요?"라고 묻고 나서 귀여운 강아지 한 마리를 내주었다. 그리고는 갑자기 집 안으로 들어가 강아지 사육 방법에 대해 자세히 정리한 종이를 들고 나와 한참 동안 설명했다. 법률가는 왜 자신의 귀한 시간과 강아지를 아낌없이 건축가에게 내주었을까? 그 이유는 단 하나, 자신이 진정으로 소중히 여기는 것을 맥마흔이 칭찬했기 때문이다.

도로시 딕스(미국 칼럼니스트)

"결혼 전에 여성을 칭찬하는 것은 성향의 문제지만, 일단 결혼하고 나면 그것은 필수조건이 된다. 무작정 솔직하게 이야기한다고 괜찮은 것은 아니다. 결혼 생활은 때로 외교의 장이다."

가정에서부터 칭찬을 실천해라

가정만큼 칭찬의 규칙이 소홀한 곳도 없다. 아마도 당신의 아내는 장점이 많은 사람일 것이다. 당신은 적어도 한 번은 그녀가 장점이 많은 사람이라고 생각했을 것이다 그렇지 않다면 그녀와 결혼하지 않았을 테니까. 그런데 그녀의 매력에 대해 마지막으로 칭찬한 것이 언제인가?

좀 우스꽝스러울지 몰라도, 나는 세상의 남편들에게 충고한다. 여러분이 편안하게 살고 싶다면, 당신 아내의 살림 솜씨를 당신 어머니의 살림법과 비교하지 마라. 그와 반대로 항상 아내의 살림 솜씨를 칭찬하고, 슬기로운 아내와 결혼해 다행이라며 공공연히 기뻐해야 한다. 설사 스테이크가 질기고 빵이 좀 타버렸어도 불평하지 마라. 그냥 지나가는 말로 "오늘은 어제만큼 요리가 잘 되지 않았네."라고 가볍게 이야기해라. 그러면 아내는 당신의 기대에 어긋나지 않기 위해 더욱 노력할 것이다. 가정에서 통하는 비법은 사회에서도 통한다.

프랭크 가먼드(윌리엄 셰익스피어 연구가)

"오늘 우리는 파티에 초대받은 사람들이야. 그런데 사소한 일로 상대 방이 틀렸다고 말할 필요가 뭐 있나? 그렇게 되면 그가 자네를 좋아하 겠나? 그 사람 체면도 생각해야지. 그는 자네의 의견을 물어본 게 아 닐세. 괜한 일로 다른 사람과 다툴 필요 없잖아."

데일카네기 가르침

남의 실수를 눈감아주는 아량을 보여줘

한 연회에서 내 옆에 앉은 사람이 "인간이 엉성하게 벌여놓은 일을 완성하는 이는 신이시다."라고 말했다. 그러면서 그것이 성경에 나오는 문구라고 강조했다. 틀린 말이었다. 나는 곧바로 그의 잘못을 바로잡아주었다. 그럼에도 그는 자신의 주장을 굽히지 않았다. "뭐라고요? 셰익스피어 작품에 나오는 말이라고요? 아니에요, 그 문구는 분명 『성경』에 있어요." 마침 곁에는 나의 친구 프랭크 가먼드가 있었다. 그는 오랜 세월 셰익스피어를 연구해왔다. 그 사람과 나는 친구에게 누구의 말이 옳은지 들어보기로 했다. 잠자코 우리의 이야기를 듣고 있던 가먼드가 식탁 아래로 나의 무릎을 치며 말했다. "데일, 자네가 틀렸어. 이분 말씀이 옳아."

그날 밤 집으로 돌아가는 길에 나는 가먼드에게 따지듯 물었다. "프랭크, 그 인용문은 셰익스피어의 작품에 나오는 말이잖아?" 그는 "그럼, 『햄릿』 5막 2장에 나오지."라고 이야기했다. 그리고는 슬며시 미소 지으며 옆에 인용한 말을 덧붙였다.

데일 카네기(미국 자기계발 강연자 · 작가)

"함부로 논쟁하지 마라! 인간은 억지로 설득시키면 더욱더 자신의 의견을 굳게 지키려고 한다."

데일카네기 가르침

논쟁에서 이기는 최선의
방법은 논쟁을 피하는 것

논쟁은 십중팔구 거기에 참여한 사람들 모두 각자 자신이 절대적으로 옳다고 더욱 확신하는 것으로 끝나고 만다. 대개의 경우, 누구도 논쟁에서 이길 수 없다. 왜냐하면 논쟁에서 지면 지는 것이고, 이겨도 지는 것이기 때문이다. 왜 그럴까? 설사 상대방을 당신의 논리로 이겨 그의 생각이 잘못되었다는 것을 증명했다고 치자. 그래서 뭐가 달라지나? 물론 당신은 기분이 좋을 것이다. 그렇다면 상대는 어떨까? 상대는 자존심에 상처를 입었을 것이 틀림없다. 어쩌면 그는 당신의 승리를 혐오할지도 모른다.

논쟁에서 이기는 최선의 방법은 바로 논쟁을 피하는 것이다. 조금 과장하자면, 여러분이 방울뱀이나 지진을 피하는 것처럼 논쟁에서 벗어나야 한다. 슬기로운 사람은 여간해서 논쟁을 벌이지 않는다. 인간의 마음이 그런 식으로 바뀌지 않는다는 사실을 잘 알기 때문이다.

벤자민 프랭클린(미국 정치인)

"당신이 논쟁을 벌이며 강하게 반박하면 대화의 승리자가 될 수도 있다. 하지만 당신은 상대방의 호감을 절대 얻지 못할 것이다. 그러므로 그것은 진정한 승리가 아니다."

049

판매왕은 고객과 옳고 그름을 따지지 않는다

패트릭 오헤어는 화이트자동차사의 판매왕이 되었다. 그 비결이 무엇이었을까? 과거 그는 고객이 자기 회사 트럭에 대해 안 좋은 말을 하면 발끈 화를 냈다. 툭하면 고객과 논쟁을 벌여 잘잘못을 따지려 들었다. 하지만 그는 나의 강의를 듣고 나서 생각을 바꾸었다. 고객과 논쟁해 이긴다고 트럭을 팔 수 있는 것은 아니라는 사실을 깨달았기 때문이다.

이제 오헤어는 고객과 논쟁하지 않는다. 만약 고객이 "화이트 트럭은 별로예요. 나는 차라리 후지트 트럭을 살 겁니다."라고 말해도 빙그레 미소 짓는다. 그리고는 "후지트 트럭도 훌륭합니다. 좋은 회사에서 만들어 성능이 뛰어나지요."라고 대답한다. 그러면 고객은 금세 할 말이 없어진다. 세일즈맨이 자신의 말에 맞장구를 치니까 오히려 화이트 트럭을 비난하는 데 시큰둥해지는 것이다. 그제야 오헤어는 화이트 트럭의 장점에 대한 이야기를 시작한다. 그것은 자주 화이트 트럭의 판매로 이어지는 놀라운 결과를 낳는다.

윌리엄 매커두(미국 재무장관)

"무지한 사람일수록 논쟁으로 이기는 것은 불가능하다."

050

데일카네기 가르침

무지할수록 막무가내로
주장한다

　무지한 사람일수록 막무가내로 자기주장을 펼치고는 한다. 그리고 상대방이 물러서는 기미라도 보이면 마치 논쟁에서 승리하기라도 한 것처럼 의기양양하다. 하기야 지적 수준이 높고 낮은 것을 따질 필요도 없다. 나는 논쟁을 벌여 다른 사람의 생각을 바꾸는 것은 불가능하다고 믿는다. 『보스턴 트랜스크립트』라는 잡지에 의미심장한 풍자시가 실린 적이 있었다. 그 내용을 옮기면 다음과 같다.

　'여기 윌리엄 제이가 잠들다.
평생 자기가 옳다고 고집하던 사람.
하지만 결국 죽었는데,
자기가 옳다고 주장한들 무슨 소용이 있으랴?
그래, 당신 말이 맞을지도 모른다.
하지만 상대방의 마음을 바꾸지는 못한다.'

누군가와 논쟁하고 싶다면, 이 시를 반복해 읽어보자.

석가모니(불교 창시자)

"미움은 미움으로 지워지지 않는다. 미움은 오직 사랑으로 없앨 수
있다."

데일카네기 가르침

사나운 개를 만나면
길을 양보하라

어디 미움뿐이겠는가. 나는 석가모니의 말에 빗대어 이렇게 이야기한다. "오해도 논쟁으로 사라지지 않는다. 오해 역시 화해의 마음과, 상대방을 이해하려는 마음에 의해 없어진다."라고. 에이브러햄 링컨은 동료들과 자주 논쟁을 벌이는 청년 장교를 불러 이렇게 타일렀다.

"자기 발전을 위해 노력하는 사람은 논쟁할 시간이 없네. 끝내 불쾌감에 빠지거나 자제심을 잃게 된다는 사실을 생각하면 더더욱 쓸데없이 논쟁할 필요가 없지. 앞으로는 자신이 완전히 옳다고 생각되지 않는다면 최대한 양보하게. 그리고 전적으로 자신이 옳다고 생각되더라도 어느 정도는 양보하는 것이 낫네. 좁은 골목에서 사나운 개와 마주쳤다고 상상해보게. 괜히 맞서서 그 개에게 물리기보다 길을 양보하는 편이 낫지 않겠나? 설령 그 개를 죽인다고 하더라도 자네의 몸에 상처가 남을 수 있으니까 말일세."

프랭클린 루스벨트(미국 제32대 대통령)

"나는 나의 생각과 판단이 75퍼센트만 옳아도 더 이상 바랄 나위 없 겠다. 그 정도만 되어도 내가 맞닥뜨린 문제들을 성공적으로 해쳐나 갈 수 있을 것이다."

052

데일카네기 가르침

괜한 지적은 상대방의 지성과 자존심을 건드린다

20세기의 가장 훌륭한 인물 중 한 사람이 이렇게 고백했는데, 평범하기 그지없는 우리는 어떠할 것인가?

우리의 생각과 판단이 55퍼센트만 옳아도, 어쩌면 많은 사람들이 지금보다 훨씬 더 나은 삶을 살 수 있을 것이다. 실제로는 55퍼센트도 확신하지 못하면서, 우리는 어째서 섣불리 다른 사람이 틀렸다고 말하는가?

우리는 직접적인 말뿐만 아니라 눈짓이나 몸짓 따위로도 상대방의 잘못을 지적하기 일쑤다. 하지만 누군가 당신이 틀렸다고 말하면 순순히 수긍하겠는가? 절대 그렇지 않다! 왜냐하면 그런 지적은 사람들의 지성과 자존심을 건드리기 때문이다. 누군가 그렇게 행동하면, 당신도 곧장 반격을 가하고 싶을 것이 틀림없다. 사람들은 애당초 자신의 생각을 바꿀 마음이 없다. 심지어 위대한 철학자 칸트나 플라톤의 논리를 가져와 공격한다고 해도 달라지는 것은 아무것도 없다.

데일 카네기(미국 자기계발 강연자 · 작가)

"글쎄요, 저는 그렇게 생각하지 않지만 제 생각이 틀렸을지도 모르겠
네요. 저도 자주 실수를 범하는 평범한 사람이니까요. 만약 제 생각이
틀렸다면 이번 기회에 바로잡고 싶습니다. 그러니 우리 함께 이 문제
를 검토해볼까요?"

053

데일카네기 가르침

슬기롭고 재치 있게
증명하라

나는 상대방의 생각이 틀렸다고 판단할 때, 나아가 객관적으로 상대방의 잘못이 입증되었을 때에도 옆에 인용한 문장을 즐겨 이야기한다. "내가 당신에게 이러이러한 것을 증명해보이겠소."라는 식으로 말을 꺼내면 안 된다. 그것은 명백히 잘못된 대화법이다. 그 말은 "내가 당신보다 더 똑똑하니, 내 이야기를 잘 들어보고 생각을 바꾸시오!"라고 하는 강요나 다름없다. 그것은 일종의 도전이다. 그것은 상대의 반감만 불러일으킬 따름이다. 당신이 하려는 말을 다 마치기도 전에 당신과 싸우고 싶은 분위기를 만들 뿐이다.

호의적인 분위기에서도 상대방의 마음을 바꾸는 것은 매우 어려운 일이다. 그런데 왜 상황을 더욱 어렵게 만든단 말인가? 무엇 때문에 자기 스스로 자신을 불리한 상황에 빠져들게 한단 말인가? 그럼에도 무엇인가를 증명할 필요가 있다면 상대방이 눈치 채지 못하게 해야 한다. 슬기롭고 재치 있게!

소크라테스(고대 그리스 철학자)

"나는 단 한 가지밖에 모른다. 그것은 내가 아무것도 모른다는 사실
이다."

내가 아직 모른다는
사실을 알아라

나는 구구단을 빼고, 20년 전부터 내가 믿고 있던 어떤 것도 이제 믿지 않는다. 심지어 아인슈타인의 책을 읽으니 구구단도 그대로 믿기 어려워지기 시작했다. 앞으로 20년이 또 지나면 지금 내가 하고 있는 말도 스스로 믿지 않을지 모른다. 나는 이전과 달리 매사에 확신을 가질 수 없게 되었다. 소크라테스도 제자들에게 옆에 인용한 문장을 되풀이해서 말했다.

내가 소크라테스보다 똑똑할 수는 없다. 그래서 나는 일찍이 사람들에게 당신이 틀렸다고 말하는 것을 포기했다. 그렇게 하니, 오히려 얻는 것이 더 많아졌다. 이쯤에서 영국 정치가이자 외교관이었던 필립 체스터필드의 말을 덧붙여야겠다. 그는 "가능하다면, 다른 사람보다 현명해지도록 노력해라. 하지만 그 움직임을 상대방에게 드러내서는 안 된다."라고 조언했다. 그것은 자기의 부족함을 스스로 깨달아 끊임없이 노력하고, 함부로 타인을 가르치려 들지 말라는 뜻이다.

빌할무르 스테판슨(캐나다 탐험가 · 과학자)

"과학자는 결코 어떤 사실을 증명하기 위해 실험하지 않는다. 과학자는 오직 사실만을 찾아내려고 노력할 뿐이다."

데일카네기 가르침

실수했으면 순순히 그 사실을 인정하라

내가 인터뷰어로서 "당신은 이번 실험을 통해 무엇을 증명하려고 합니까?"라고 질문하자, 빌할무르 스테판슨이 인용한 문장을 이야기했다. 나는 그 말을 듣고 깨달은 바가 적지 않았다. 그의 대답이 오랫동안 머릿속에서 지워지지 않았다.

당신은 과학적으로 사고하고 싶은가?

그렇게 할 수만 있다면, 당신을 제외한 어느 누구도 당신을 방해하지 못한다. 만약 당신이 실수했다면 흔쾌히 사실 그대로 인정하라. 그럼으로써 당신이 곤란해질 일은 없다. 당신이 순순히 잘못을 인정한다면 상대방과 불필요한 논쟁을 하지 않아도 된다. 나아가 상대방도 당신처럼 열린 마음을 가질 수 있게 된다. 당신이 실수를 인정하는 것이 상대방도 스스로 자신의 실수를 인정하는 계기가 될 수 있다. 자신의 실수를 정확히 알고 있는 사람에게 노골적으로 실수를 지적할 사람은 거의 없다. 누군가 그렇게 한다면 돌이키기 힘든 난처한 상황이 빚어질 뿐이다.

제임스 로빈슨(미국 역사학자 · 교육자)

"우리는 별다른 저항의식 없이도 자신의 생각을 스스로 바꿀 때가 가끔 있다. 하지만 다른 사람이 잘못을 지적하면 짐짓 화를 내며 고집을 부린다. 누군가가 우리의 생각을 바꾸려고 하면 오히려 고집스럽게 그 생각에 매달리는 것이다. 그 경우 우리에게 진짜 중요한 것은 생각 자체가 아니라 자존심이다."

데일카네기 가르침

가장 중요한 '나'를
제대로 이해하라

모든 사람은 편견을 갖고 있다. 질투, 의심, 두려움, 자부심 같은 생각과 감정들이 복잡하게 뒤섞여 살아간다. 사람들은 타인의 충고에 따라 종교나 정치적 신념 등을 쉽게 바꾸려고 하지 않는다. 심지어 머리 스타일 같은 사소한 것도 타인의 의견을 잘 받아들이지 않는다.

미국 콜롬비아대학 교수를 역임한 제임스 로빈슨은 자신의 책에서 이렇게 말했다.

" '나'라는 것이 인간의 삶에서 가장 중요한 단어다. 이 말을 현명하게 사용하는 것이 지혜로움의 시작이다. 우리는 '나'가 알고 있는 지식이 설령 틀렸다고 해도 그것을 지적받으면 불쾌한 감정을 드러내고는 한다. 사람들은 자신이 별 의심 없이 사실이라고 생각하는 것을 계속 믿고 싶어 하는 경향이 있다. 그리고 그런 신념을 뒤흔드는 것이 나타나면 분개하며, 무슨 수를 써서든지 자신의 믿음을 지키려고 한다. 따라서 대부분의 논쟁은 서로의 주장을 옹호하기 위한 증거를 찾는 과정에서 비롯된다."

벤자민 프랭클린(미국 정치인)

"나는 청년 시절에 친구로부터 뼈아픈 충고를 듣고 나서 사고방식을 바꿨다. 남의 의견을 정면으로 반박하지 않기로 결심한 것이다. 또한 '확실히'나 '의심할 나위 없이' 같은 단정적인 표현을 쓰지 않기로 마음먹었다. 그 대신 '~라고 생각합니다.'라거나 '현재로서는 그렇게 판단합니다.' 같은 말을 적극 사용하기로 했다. 내가 태도를 바꾸니 대화가 즐거워졌다. 누군가로부터 내가 틀렸다는 말을 들어도 기분이 덜 나빴고, 내 생각이 옳을 때는 좀 더 쉽게 상대방을 설득할 수 있었다."

데일카네기 가르침

대화하는 태도부터
바로잡아야 해

인용한 문장은 벤자민 프랭클린의 자서전에 나오는 글이다. 그 책에서 프랭클린은 논쟁을 좋아하던 자신이 어떻게 그 버릇을 극복해 유능하고, 온화하며, 사교적인 사람이 되었는지 고백한다. 그것은 청년 시절 퀘이커교 신자인 친구로부터 들은 충고 덕분이었다. 프랭클린의 최고 장점 중 하나는 그와 같은 진심어린 비판을 잘 받아들인다는 데 있었다.

당시 프랭클린의 친구가 건넸던 말을 옮기면 다음과 같다.

"벤자민, 너는 상대방과 생각이 다르면 너무 공격적으로 말해서 모욕을 주고는 해. 친구들조차 네가 너무 유식한 척해서 별로 대화를 나누고 싶어 하지 않지. 너랑 얘기하려고 노력해봤자 기분만 나빠지니까. 그러니 부디 명심해. 네가 달라지지 않으면, 너는 지금 알고 있는 얄팍한 지식 이상 전할 가망이 없어."

그날 친구의 충고는 조소나 비난이 아니었다. 프랭클린도 그 사실을 잘 알고 있었다.

악토이(고대 이집트 국왕)

"타인을 설득하려며 외교적이어야 한다. 그런 태도가 너에게 커다란 이익을 가져다 줄 것이다."

상대방을 존중하면서
할 말 다 하기

한 설비업자가 고객으로부터 항의를 받았다. 그가 맡아 진행하고 있는 설비에 중대한 결함이 있다는 지적이었다. 설비업자는 자신의 작업 내용을 꼼꼼히 살펴 아무런 잘못이 없다는 사실을 확인했다. 하지만 그는 곧바로 고객의 착오를 따져 묻는 대신 직접 찾아가 말했다.

"고객님께서 돈을 지불하는 입장이니 당연히 의심하고 걱정하실 자격이 있습니다. 만약 설비가 잘못되고 있다면 당연히 지금까지 들어간 비용은 제가 감당해야 하지요. 하지만 앞으로 고객님의 요구를 따를 경우 발생하는 문제에 대한 책임은 직접 지셔야 합니다. 물론 원래 제가 한 설계대로 계속 제작하게 해주신다면, 그 책임은 모두 제가 질 것입니다."

그러자 그때까지 흥분을 가라앉히지 못하던 고객이 차분해진 말투로 이야기했다.

"좋아요, 원래 계획대로 계속 진행하십시오. 일이 잘 안 되면 신이 도와주시겠지요, 뭐."

그 후 작업은 설비업자의 판단대로 잘 마무리되었고, 그 고객은 똑같은 장치 두 개를 더 주문했다.

로버트 리(미국 남북전쟁 당시 남부군 총사령관)

"이 모든 것이 내 잘못이며, 모든 책임은 나에게 있다."

데일카네기 가르침

실패를 인정할 줄
아는 것도 용기다

　대개 어리석은 사람일수록 자기 잘못에 대해 변명을 늘어놓으려
고 한다. 그런데 로버트 리 남부군 총사령관은 달랐다. 그는 게티
즈버그 전투에서 부하 피켓 장군이 무모한 공격을 벌여 북부군에
참패한 책임을 전적으로 자신에게 돌렸다. 전투에서 패한 리 총사
령관은 크게 낙심해 남부동맹 의장인 제퍼슨 데이비드에게 사의
를 표했다. 아울러 그는 자기보다 젊고 유능한 사람을 총사령관으
로 임명해달라고 요청했다. 만약 리 총사령관이 패배의 원인을 피
켓 장군에게 돌리거나 다른 핑계를 대려고 했다면 그럴 수 있었을
것이다. 하지만 그는 다른 사람에게 책임을 전가하지 않았다. 며칠
뒤 겨우 살아남은 패잔병들이 돌아오자, 리 총사령관은 직접 그들
을 맞이해 위로했다. 그리고 그 자리에서 옆에 인용한 문장을 이
야기했다. 말이 쉽지, 그처럼 자신의 실패를 인정할 수 있는 용기
를 가진 장군은 거의 없었다.

엘버트 허버드(미국 작가 · 출판 경영자)

"솔직히, 저도 제 의견에 전적으로 동의하지는 않습니다. 어제 쓴 글을 오늘 다시 읽어보면 다른 생각이 들 때가 많으니까요. 저는 이번 기회에 독자님의 의견을 알게 되어 정말 기쁩니다. 다음에 제 작업실 근처에 지나실 일이 있으면 꼭 방문해주십시오. 차라도 한잔 나누면서 제 작품에 대해 좀 더 이야기하고 싶습니다. 그럼 독자님의 행복을 기원하며 오늘은 이만 줄이겠습니다."

양보하면 더 많은 것을 얻을 수 있다

엘버트 허버드는 가장 독창적인 작가 중 한 명이다. 하지만 그의 신랄한 문장은 종종 과민한 독자들의 분노를 샀다. 그들은 작가에게 무례한 항의 편지를 보내고는 했다. 그럼에도 평소 사람을 잘 다루는 기술을 가진 허버드는 금세 적을 친구로 만드는 기적을 실현했다. 그는 항의 편지를 받고 불쾌해하는 대신 인용한 문장이 담긴 답장을 일일이 보냈던 것이다.

아무리 허버드의 글에 불만을 가진 독자라고 한들, 작가가 이렇게 진심어린 성의를 보이는데 더 이상 무슨 말을 할 수 있겠는가? 자기 생각이 옳다고 해서 무작정 상대방을 억압하려 드는 태도는 바람직하지 않다. 우리는 허버드의 사례를 통해 흥분한 상대방을 설득하는 슬기로운 방법을 깨달아야 한다. 물론 자신이 틀렸다고 판단했을 때는 그것을 재빨리 인정하는 자세도 갖춰야 한다. 우리는 "싸우면 얻는 것이 없지만, 양보하면 기대한 것보다 더 많은 것을 얻을 수 있다."라는 미국 속담을 반드시 기억할 필요가 있다.

우드로 윌슨(미국 제28대 대통령)

"당신이 주먹을 쥐고 덤벼들면 상대방도 주먹을 쥐고 맞선다. 하지만 두 사람이 마주앉아 서로 다른 견해를 갖는 이유를 함께 따져본다면 그 차이점 못지않게 공통점이 제법 많다는 사실을 알게 될 것이다. 그처럼 인내와 솔직함, 선의를 가지면 갈등은 해결되게 마련이다."

061

데일카네기 가르침

호전적 말투와
억압적 태도를 버려라

당신이 화가 났을 때, 상대방의 잘못을 지적하며 비난을 퍼붓고
나면 기분이 좀 풀릴 것이다. 하지만 상대방은 어떨까? 그 사람은
자신의 잘못을 뉘우치기에 앞서 불쾌한 감정을 느끼게 된다. 호전
적 말투와 억압적 태도로 상대방이 잘못을 깨닫게 할 수는 없다.

1915년, 미국에서는 최악의 파업이 2년 동안 이어지고 있었다.
그 무렵 아버지의 사업을 물려받은 존 록펠러 2세의 석유 회사에
도 어려움이 닥쳤다. 노동자들은 회사로 몰려가 기물 파손까지 해
가며 임금 인상을 요구했다. 그때 만약 록펠러 2세가 노동자들에
게 폭력적인 방법으로 맞섰다면 상황은 더 심각한 폭동으로 이어
졌을 것이다. 하지만 록펠러 2세는 우드로 윌슨의 말처럼 파업 사
태를 해결하기 위해 노력했다. 그는 노동자들에게 잘못이 있다고
지적하거나 회사의 정당함을 논리적으로 증명하려 들지 않았다.
그는 노동자들을 존중했고, 그 결과 노동자들도 증오를 가라앉힌
뒤 평화적인 방법으로 회사 측과 협상을 시작했다.

에이브러햄 링컨(미국 제16대 대통령)

"'한 방울의 꿀이 한 통의 쓸개즙보다 더 많은 파리를 잡는다.'라는 말은 만고불변의 진리다. 그러므로 상대방의 마음을 얻고 싶다면 먼저 당신이 진정한 친구임을 확신시켜라. 그것이 사람의 마음을 사로잡는 한 방울의 꿀이며, 사람의 이성에 호소하는 최고의 방법이다."

062

데일카네기 가르침

변화를 바란다면 친절하고 다정하게 대하라

당신이 상대방에 대해 나쁜 감정을 품고 있으면 이 세상 어떤 논리로도 그의 마음을 돌릴 수 없다. 앞뒤 사정을 따져 묻지 않은 채 아이들을 꾸짖는 부모, 다짜고짜 부하 직원의 실수를 드러내 윽박지르는 직장 상사, 사랑스런 대화 대신 서로에게 짜증과 잔소리를 퍼붓는 남편과 아내, 서로를 불신하는 경영자와 노동자……

그들은 세상 사람들이 여간해서 자신의 생각을 바꾸지 않는다는 사실을 알아야 한다. 상대방을 강제로 억누른다고 해서 그들의 생각이나 생활방식이 당신이 바라는 대로 곧장 변화하지 않는다는 사실을 깨달아야 한다. 그 대신 당신이 친절하고 다정하게 상대방을 대한다면 어떨까? 그렇게 할 수만 있다면, 오히려 그 사람의 생각이나 생활방식이 조금씩 바뀌어나갈 가능성이 있다. 나아가 그것은 적을 친구로 만드는 경의적인 기적을 일으킬지 모른다.

대니얼 웹스터(미국 변호사)

"나는 배심원들이 참여한 재판에 나갈 때 반드시 다음과 같은 이야기로 변론을 시작한다. 그것은 '현명하신 배심원들께서 충분히 헤아려 주실 줄 믿습니다만…….'이나 '인간의 본성을 잘 알고 계시는 배심원 여러분께서 이 사안의 중요성을 쉽게 파악하시리라 생각합니다.' 같은 말들이다."

온화함과 친근함이
외투를 벗긴다

오래전 내가 시골 학교에 다닐 때 「태양과 바람의 내기」라는 이솝 우화를 읽은 적이 있다. 태양과 바람은 서로 힘자랑을 하다가, 결국 내기를 하기로 결정했다. 때마침 언덕 너머에서 외투를 입은 노인이 걸어오고 있었다. 바람이 먼저 "저기 두꺼운 외투를 입은 노인이 보이지? 내가 매서운 북풍을 불어 저 사람이 입은 외투를 벗겨볼게!"라고 떠벌였다. 하지만 바람이 불면 불수록 노인은 점점 더 단단히 외투로 몸을 감쌀 뿐이었다. 바람은 기진맥진해 마침내 포기하고 말았다. 그러자 이번에는 태양이 구름 뒤에서 나와 노인을 향해 따뜻하고 부드럽게 미소 지었다. 오래 지나지 않아 노인은 이마의 땀방울을 훔치며 스스로 외투를 벗었다. 태양은 바람에게 온화함과 친근함이 분노와 폭력보다 강하다고 말했다.

내가 어렸을 때 읽은 이 이야기를 거의 모든 사람들이 알고 있을 것이다. 그처럼 누구나 알고 있는 평범한 이야기 속에 인간관계의 가장 중요한 원칙이 깃들어 있다.

해리 오버스트리트(미국 심리학자)

“'아니요'라는 반응은 가장 극복하기 어렵다. 사람이 한번 '아니요' 라고 말하면 자존심 때문에라도 그 말을 번복하지 않으려 한다. 나중에 '아니요'라는 대답이 너무 경솔하지 않았나 의심되어도 자존심 때문에 말을 바꾸지 않는다. 일단 '아니요'라고 내뱉으면 많은 사람이 그 말을 끝까지 고집하는 것이다. 그러므로 처음부터 상대방에게 '네' 라는 대답을 이끌어내는 것이 중요하다.”

처음부터 긍정적인 대답을 이끌어내라

노련한 연사는 처음부터 청중에게 "네"라는 대답을 이끌어낸다. 그러면 청중의 심리가 긍정적인 방향으로 움직인다. 그것은 당구공의 움직임과 같다. 큐를 이용해 당구공의 방향을 바꿀 수 있다. 그런데 반대 방향으로 굴러가게 하려면 생각보다 큰 힘이 필요하다.

인간의 심리적 움직임은 분명한 형태로 나타난다. 사람이 진심으로 "아니요"라고 이야기하면 단순히 입으로만 말하는 것이 아니라 더 많은 다양한 변화가 일어난다. 분비샘, 신경, 근육 같은 여러 조직이 일제히 거부 반응을 나타내는 것이다. 그와 같은 현상은 대개 미미하지만 이따금 눈에 띌 만큼 심하게 일어나기도 한다. 신경과 근육 조직이 방어 태세를 취하는 것이다. 하지만 "예"라고 말하면 그런 거부 반응이 일어나지 않는다. 신체 기관은 전향적이고 수용적이며 개방된 태도를 보인다. 그러므로 "예"라고 더 많이 말하게 할수록 상대방을 내가 생각하는 방향으로 이끌기 쉬워진다.

중국 속담

"살며시, 조심스럽게 걷는 사람이 멀리 간다."

데일카네기 가르침

결국 "네"라고 대답할 수 있게 질문하라

고대 그리스의 소크라테스는 어떻게 지금까지 위대한 철학자로 존경받고 있을까?

소크라테스는 제자들에게 좀처럼 틀렸다고 말하는 법이 없었다. 그는 '소크라테스식 문답법'으로 상대방에게서 "네"라는 대답을 이끌어냈다. 그는 깊이 있는 사고와 뛰어난 학식을 바탕으로 상대방이 "네"라고 말하지 않을 수 없는 질문을 했다. 여러 번 시행착오를 겪더라도 절대 서두르지 않고 마침내 "예"라는 대답을 하도록 이끌었다. 그러니까 그는 불과 몇 분 전만 하더라도 상대방이 부정하고 있던 문제에 대해 긍정적인 답변을 하도록 유도하는 놀라운 인간관계 기술을 발휘한 셈이다. 그런 까닭에 소크라테스는 인간 사고의 방향 전환을 가져온 인물로, 또한 혼란한 세상에 불을 밝혀준 위대한 철학자로 수천 년이 지나도록 추앙받고 있는 것이다. 만약 여러분이 상대방의 잘못을 지적하고 싶다면 소크라테스를 떠올려보라. 상대방이 결국 "네"라는 대답을 할 수 있는 질문을 던져보라.

데일 카네기(미국 자기계발 강연자 · 작가)

"억지로 상품을 팔려고 할 것이 아니라, 고객이 자진해서 그것을 사도록 만들어야 한다."

데일카네기 가르침

상대방이 실컷 말하게
인내심을 가져라

상대방을 설득할 때는 그 사람이 말을 많이 하게끔 만들어라. 그들은 자신의 문제에 관해 당신보다 더 많이 알고 있다. 그러니 질문을 통해 상대방이 몇 마디라도 더 털어놓게 하라. 당신의 의견이 상대방과 다르면 이야기 도중에 끼어들고 싶을 때도 있을 것이다. 그렇게 하면 상대방은 당신의 의견을 궁금해 하기 전에 기분 나빠 하기 십상이다. 그러니 인내심을 갖고 들어라. 상대방이 자신의 생각을 충분히 말할 수 있도록 맞장구를 쳐주어라.

그런 태도는 사업을 할 때도 큰 도움이 된다. 한 기업인이 거래처를 방문해 프레젠테이션을 하려는데 감기 탓에 목소리가 잘 나오지 않아 준비한 자료와 함께 핵심 사항만 전달했다. 그러자 오히려 거래처 직원이 자발적으로 그 회사의 장점을 돋보이게 하는 질문을 하는 것이 아닌가. 나중에 그 기업인은 "내가 떠들기보다 상대방이 이야기하도록 만드는 것이 얼마나 더 효과적인 방법인지 우연히 알게 됐습니다."라고 말했다.

찰스 큐벨리스(미국 뉴욕의 평범한 시민)

"귀사와 같이 훌륭한 역사를 가진 회사를 알게 되어 영광입니다. 사
장님께서는 28년 전에 책상 한 개와 속기사 한 명만 데리고 창업하셨
다는데, 사실입니까?"

067

그 사람이 자랑스러워하는 이야기를 하게 하라

찰스 큐벨리스가 한 기업의 직원 모집에 지원해 면접을 보게 됐다. 그는 인터뷰를 하기 전에 그 회사를 창립한 인물에 대해 가능한 한 많은 조사를 했다. 그리고 회사 창립자와 마주한 면접에서 옆에 인용한 질문을 건넸다.

대부분의 성공한 사람들은 자신이 사업 초창기에 겪었던 어려움을 회상하는 것을 좋아한다. 그 창립자도 예외는 아니었다. 그는 적은 돈과 빛나는 아이디어만으로 창업했던 과정을 오랫동안 이야기했다. 자기가 하루에 12시간에서 16시간씩 일하며 어떻게 절망스런 상황들을 이겨냈는지 구구절절 설명했다. 그는 자신의 사업 이력을 매우 자랑스럽게 여겼다. 그러더니 갑자기 큐벨리스의 경력을 몇 가지 묻고 나서 인사담당자를 불러 "이 사람이 우리가 찾고 있는 인재인 것 같소." 라고 말했다.

큐벨리스는 장래 고용주가 될지 모를 사람의 업적을 알기 위해 열심히 노력했다. 그는 그 자료를 바탕으로 상대방이 자신의 이야기를 하게 만들어 호감을 샀던 것이다.

라 로슈푸코(프랑스 작가 · 철학자)

"적을 만들고 싶으면 친구를 능가해라. 진정한 친구를 얻고 싶으면 그 친구가 이기게 해주어라."

068

인생은 짧다, 좀 더 겸손하라

당신이 친구들보다 무엇을 잘하면 자존감을 느끼지만, 당신이 친구들보다 무엇을 잘 못하면 열등감을 느끼며 질투를 일으킨다. 모든 경우에 그렇지는 않겠으나 그런 심리를 갖는 것이 인간의 특성이기도 하다. 독일에는 이런 속담까지 있다. "우리가 부러워하는 사람이 잘못되는 것을 바라보는 것이 가장 큰 즐거움이다." 어쩌면 당신의 친구들 중에도 당신의 성공보다 실패에 더 즐거워하는 사람이 있을 수 있다. 그러니 당신이 잘한 일이 있다면 작게 말하자. 겸손해지자.

앞으로 백 년이 지나면 우리들은 전부 이 땅에서 사라질 것이다. 인생은 짧다. 쓸데없이 자기 자랑을 할 시간이 없다. 사실, 자랑할 거리도 그다지 없지 않은가? 갑상선에 있는 요오드만 제거해도 평범한 사람이 정신적 문제를 일으킨다고 한다. 잘난 인생과 못난 인생을 구분하는 것도 그처럼 아주 작은 차이일 뿐이다. 도대체 당신의 성과를 다른 사람들에게 자랑하는 것에 어떤 의미가 있단 말인가?

아돌프 셀츠(미국 필라델피아의 자동차 영업팀장)

"내가 그들이 바라는 것을 귀 기울여 들어주니까, 그들 역시 내가 요구하는 기준에 맞추기 위해 최선을 다했다. 내가 먼저 그들의 바람에 대해 함께 의논한 것이, 마치 우리 모두에게 영양제 주사를 한 대씩 맞힌 효과를 나타냈다."

인간관계에는 도의적인 거래가 필요해

인간은 다른 사람이 알려준 아이디어보다 자기가 스스로 생각해 낸 것을 더 신뢰한다. 그러므로 다른 사람에게 당신의 의견을 섣불리 강요하면 안 된다. 그보다는 이런 생각도 있을 수 있다는 식으로 암시를 주고 나서, 상대방이 요모조모 생각해 결정을 내리도록 하는 편이 훨씬 현명한 방법이다.

누구라도 다른 사람에게 강요당하고 있다든가 명령에 의해 움직인다는 느낌을 받으면 불쾌해한다. 말하나 마나 인간은 자기 스스로 판단하고, 자발적으로 행동하기를 바란다. 또한 인간은 자신의 의견이라든지 어떤 대상에게 요구하는 것 등을 다른 사람과 함께 솔직히 이야기하는 것을 좋아한다.

자동차 영업팀장 아돌프 셀츠는 인간의 그런 심리를 잘 알아 영업사원들을 효과적으로 관리했다. 그는 자기가 먼저 영업사원들의 요구 사항에 반응한 뒤, 자신이 바라는 바를 설명했다. 셀츠는 그것을 '도의적인 거래'라고 표현했다.

프랭클린 루스벨트(미국 제32대 대통령)

"내가 뉴욕 시장이던 시절, 나는 중요한 자리에 누군가를 임명할 때 정치인들에게 후보를 추천받았다. 그리고 되도록 그들의 의견을 반영하려고 노력했다. 그러면 정치인들은 자신들이 바라고, 자신들이 지지하는 인물이 그 자리에 임명되었다고 생각했다."

당신의 생각을 실현하는
또 다른 방법

프랭클린 루스벨트는 뉴욕 시장이었던 때를 회상하며 다음과 같이 덧붙여 말했다.

"정치인들이 처음에 추천하는 인물은 대체로 능력 없는 자기 당아첨꾼들이다. 그러면 나는 그들에게 뉴욕 시민이 싫어할 인물이니 다른 사람을 추천해달라고 말한다. 하지만 두 번째 추천 인물도 역시 자리 욕심만 있고 일은 제대로 안 하는 사람이다. 나는 정치인들에게 다시 적합한 인재를 추천해달라고 부탁하는데, 세 번째 사람은 그럭저럭 괜찮지만 역시 딱 들어맞는 인물은 아니다. 나는 그대로 타협하지 않고 한 번 더 훌륭한 인물을 추천해달라고 부탁한다. 그렇게 해서 네 번째로 추천받는 사람은 보통 내 의중에 맞는 사람이다. 내가 혼자 결정한다고 해도 그런 사람을 뽑을 것이다. 그제야 나는 정치인들의 협조에 감사를 표하며 그 사람을 임명한다. 좋은 인재를 뽑은 공로를 정치인들에게 돌리는 것이다. 그리고 나면 그들은 내가 추진하는 여러 법안을 군말 없이 지지해준다."

에드워드 하우스(미국 군인 · 정치인)

"나는 대통령께서 어떤 결정을 내릴 때 그 문제에 대해 자발적으로 관심을 갖게 하는 것이 최선의 방법임을 깨달았다. 그래서 대통령의 생각에 나의 의견이 자연스럽게 배어들게 하려고 노력했다. 즉 나는 강력한 주장을 펼치지 않으면서도 적지 않은 영향을 끼쳤던 셈인데, 대통령 본인이 어떤 결정을 주도적으로 내렸다고 생각하도록 조용히 도운 것이다."

당신의 생각이 자연스럽게 배어들도록 하라

우드로 윌슨이 미국 대통령이었던 시절, 에드워드 하우스는 정부에서 큰 영향력을 가진 인물로 평가받았다. 윌슨 대통령은 국가에 중요한 문제가 발생하면, 자신의 의논 상대로 각 부처 관료들보다 그에게 더 의지했다. 어떻게 하우스는 대통령의 마음을 사로잡을 수 있었을까? 그는 훗날 한 신문에 쓴 칼럼을 통해 그 비결을 알려주었다. 인용한 문장이 바로 그 내용이다.

물론 에드워드 하우스의 의견에 대통령이 반감을 드러낼 때도 있었다. 하지만 시간이 좀 지나고 보면, 대통령이 그의 생각을 자신의 판단인 양 이야기할 때가 많았다. 그때 하우스는 대통령에게 "그것은 각하의 의견이 아닙니다. 제 생각입니다." 라고 말하는 법이 없었다. 그는 항상 명예보다 실리를 선택했다. 그는 계속해서 대통령 자신이 모든 결정을 스스로 내린 것처럼 느끼게 만들었다.

노자(중국 사상가)

"강과 바다가 시냇물보다 윗자리에 있는 이유는 자신을 낮추기 때문이다. 그래서 그들은 시냇물을 다스릴 수 있는 것이다. 백성들 위에 서려고 하는 자는 자신을 낮추어라. 그렇게 하면 다스리는 사람이 위에 있어도 백성들이 무겁다 하지 않고, 그들보다 앞서 있어도 백성들이 해롭다 생각하지 않는다."

상대방 입장에서
곰곰이 따져보아라

상대방에게 전적으로 잘못이 있어도, 그는 그렇게 생각하지 않는 다는 사실을 기억해라. 그러니 상대방을 비난하지 마라. 상대방을 좀 더 이해하려고 노력해라. 현명하고, 관대하고, 특별한 사람만이 그런 노력을 할 수 있다.

다른 사람이 자기 방식대로 생각하고 행동하는 데는 다 그만한 이유가 있다. 그 이유를 먼저 따져보면 그의 행동, 더 나아가 그의 성격까지도 이해할 수 있는 열쇠를 얻을 것이다. 상대방 입장에서 생각해보려고 노력해라. 자신에게 '내가 그의 입장이라면 어떻게 느끼고 반응할까?' 자문해보아라. 그러면 시간을 아끼고 화도 내지 않게 된다. 행동의 원인에 관심을 갖게 되면 결과에 대해 이해할 수 있게 된다. 인간관계의 기술도 더욱 발전한다.

딘 돈햄(미국 하버드비즈니스스쿨 교수)

"나는 인터뷰이를 만나 무슨 말을 할지, 그리고 그의 관심사나 동기에 대한 내 지식을 토대로 그 사람이 어떤 대답을 할지 명확히 파악하기 전에는 인터뷰이의 사무실로 들어가지 않는다. 차라리 그 문제에 대한 확신이 들 때까지 사무실 밖에서 두 시간 동안 서성이는 편이 낫다고 생각한다."

시간이 걸리더라도
더 나은 결과를 위하여

작가 케레스 구드는 자신의 저서에서 다음과 같이 말했다.

"당신이 자신의 문제를 대할 때 갖는 관심과 다른 사람의 문제를 대할 때 갖는 관심도를 비교해보십시오. 그리고 세상 사람들이 나와 똑같이 생각한다고 깨닫는다면 모든 직업에 필요한 탄탄한 기반을 닦는 셈입니다. 즉 인간관계의 성공 여부는 다른 사람의 입장에 서서 그를 이해하려는 마음을 가질 수 있느냐에 달려 있습니다."

옆에 인용한 딘 돈햄 교수의 말도 케레스 구드와 다르지 않다. 다른 사람에게 무엇을 부탁하려면, 우선 눈을 감고 상대방의 입장에서 상황을 생각해보아라. 그리고 스스로에게 "그가 왜 이렇게 행동하는 걸까?"라고 자문해보아라. 시간은 좀 걸리겠지만, 그렇게 하면 적을 만들지 않고 상대방과 마찰은 적게 하면서 당신이 바라는 좋은 결과를 이끌어낼 것이다.

데일 카네기(미국 자기계발 강연자 · 작가)

"그렇게 생각하는 것은 당연한 일입니다. 제가 당신이더라도 역시 그렇게 생각할 것입니다."

사람들은 동정과 이해에 굶주려 있다

괜한 언쟁을 피하면서 상대방이 호감을 갖게 해 당신의 이야기를 주의 깊게 듣게 하고 싶은가? 그렇게 할 수 있는 마법의 문구를 알고 싶은가? 그렇다면 인용한 문장에 주목하기 바란다. 이 문장으로 이야기를 시작하면 아무리 화가 난 사람이라도 금방 누그러진다. 상대방의 입장이 되면 그와 같은 생각을 갖게 되니까. 당신이 알 카포네와 같은 몸, 성격, 정신을 갖는다고 가정해보자. 그와 같은 환경에서 자라고, 그가 겪은 경험을 동일하게 한다면 당신은 그와 똑같은 사람이 될 것이다. 바로 그런 것들이 알 카포네를 만들었기 때문이다.

당신에게 화를 내는 사람들이 그렇게 된 데는 그럴 만한 이유가 있다. 그러니 그 사람들을 불쌍하게 여기며 이해해라. 집 없이 노숙하는 사람들을 보면 그 삶에 측은지심을 가지면서 "신의 은총 덕분에 지금의 내가 있구나." 하고 감사해라. 당신이 만나는 사람들 중에 4분의 3은 동정에 굶주려 있다. 그들을 동정하면, 그들은 곧 당신을 좋아하게 될 것이다.

월리엄 태프트(미국 제27대 대통령)

"자신을 원망하고 비난하는 편지를 받으면 누구나 감정을 억제하지 못해 당장 반박하는 답장을 쓰려고 한다. 하지만 현명한 사람은 자기를 흥분시킨 편지를 서랍에 넣고 자물쇠를 잠가버린다. 며칠 뒤 서랍을 열어 그 편지를 다시 읽어보면, 그때는 평정심을 되찾아 반박하는 답장을 보낼 생각이 좀처럼 들지 않는다."

데일카네기 가르침

화가 치민다면 나중에
다시 생각해 봐

윌리엄 태프트 대통령이 한 가지 일화를 소개했다.

"워싱턴의 한 부인이 나에게 자기 아들을 어떤 보직에 앉혀달라
며 상하원 의원들의 도움을 얻어 줄기차게 부탁해왔습니다. 하지
만 그 직책은 전문성을 요구하는 자리라서 부처 책임자의 추천에
따라 다른 사람을 임명했지요. 그러자 그 부인이 몹시 불쾌하고
서운하다며 편지를 보내 왔습니다. 그녀는 내가 발의한 법안을 통
과시키기 위해 자기 지역구 의원들을 설득해주었는데 그에 대한
보답은 없느냐며 불평했지요. 나 역시 순간 화가 치밀었지만 이성
을 되찾기 위해 노력했습니다."

그때 윌리엄 태프트 대통령은 인용한 문장과 같은 생각을 떠올렸
다. 그리고 며칠이 더 지난 후 부인에게 정중히 답장을 썼다. 그 안
에 부인이 부탁했던 직책은 전문성이 더없이 중요하다는 사실과,
그녀의 아들이 현재 위치에서도 충분히 성공할 것이라는 기대를
담았다. 그러자 부인도 화를 누그러뜨리며 사과했다.

솔 후록(러시아 출신 미국 음악감독)

"정말 안됐네. 목 상태가 그렇다면 노래하면 안 되지. 공연을 당장
취소하겠네. 적지 않은 돈을 손해 보겠지만, 예술가로서 자네의 앞날
에 비하면 아무것도 아니지."

데일카네기 가르침

언제나 진심은
통하는 법이다

솔 후록은 수십 년 동안 세계적인 예술가들과 작업해왔다. 그는 개성 강한 예술가들과 작업하면서, 무엇보다 그들을 마음 깊이 이해해야 한다는 교훈을 얻었다. 그 무렵 후록이 음악감독을 맡은 예술가 중에는 베이스 가수 피오도르 살리아핀도 있었다. 그런데 그는 가끔 엉뚱한 문제를 일으켰다. 종종 컨디션 핑계를 대며 무대에 오르지 않으려고 한 것이다.

언젠가 살리아핀은 공연이 예정되어 있는 날 아침 일찍 후록에게 전화를 걸어 이렇게 말했다. "제가 몸이 좋지 않아요. 성대가 부어서 오늘 밤 공연은 힘들겠어요." 갑작스런 상황에 당황한 후록이 그와 말다툼을 벌였을까? 전혀 아니다. 그는 당장 살리아핀의 호텔방으로 달려가 인용한 문장을 이야기하며 위로부터 건넸다. 진심으로 살리아핀의 건강을 염려한 것이다. 그러자 살리아핀은 살짝 감격한 표정으로 한숨을 내쉬며 무대에 오를 시간이 될 때까지 최선을 다해 목을 관리해보겠다고 다짐했다.

아더 게이츠(미국 교육심리학자)

"인간은 모두 공감 받고 싶어 한다. 어린아이들도 자신의 상처를 보여주고 싶어 하는데, 심지어 동정 받기 위해 일부러 상처를 내기도 한다."

데일카네기 가르침

공감에서 시작되는
인간관계의 전환점

아더 게이츠는 자신의 저서를 통해 인용한 문장을 이야기했다. 그리고 그는 거기에 한 가지 더 덧붙였는데, 그런 심리가 어린아이뿐만 아니라 어른에게도 있다는 것이다. 그는 성인들도 자신의 상처를 남에게 보여주고 싶어 한다고 말했다. 그것은 정신적 문제를 비롯해 사고를 당한 일이나 병원에서 수술 받았던 고통의 과정을 누군가에게 상세히 털어놓고 싶어 한다는 뜻이다. 그처럼 불행을 겪는 자신에 대해 자기연민을 느끼고 싶어 하는 마음은 정도의 차이는 있을지언정 누구에게나 있다는 주장이었다.

그러므로 타인의 입장에 서서 생각하고, 타인의 관점에서 사물을 바라보는 방법을 배운다면 당신의 인간관계에 획기적인 전환점이 될 것이 틀림없다. 그 첫걸음은 "내가 너였더라도 그런 감정을 느꼈을 거야." 라는 공감에서 시작된다.

J. P. 모건(미국 금융인 · 기업인)

"인간의 행위에는 두 가지 이유가 있다. 하나는 듣기에 그럴듯한 이유이고, 다른 하나는 실제 이유이다. 사람들은 대체로 이상주의적인 경향이 있어 자신의 행위에 그럴듯한 이유를 붙이는 것을 좋아한다. 따라서 사람들을 변화시키려면 좀 더 고상한 동기에 호소하는 것이 효과적이다."

데일카네기 가르침

그럴듯한 고상한
동기에 호소하라

인용한 J. P. 모건의 말이 좀 어려운가? 예를 들어보겠다.

영국 언론인 노스클리프 경은 공개하고 싶지 않은 자신의 사진이 신문에 게재된 것을 보고 편집자에게 편지를 썼다. 그가 "신문에 내 사진을 싣지 말아주십시오."라고 썼을까? 그는 좀 더 고상한 동기에 호소했다. 누구나 마음에 품고 있는 어머니에 대한 존경과 애정에 호소한 것이다. 그는 "그 사진을 더는 신문에 싣지 말아주십시오. 나의 어머니께서 대단히 싫어하십니다."라고 적었다.

존 록펠러 2세도 자녀들의 사진이 신문에 나오는 것을 막기 위해 고상한 동기에 호소했다. 그는 "자녀의 사진을 신문에 싣지 마세요."라고 말하는 대신 우리의 내면 깊숙이 있는 자녀를 보호하고 싶은 부모의 마음에 호소했다. 그는 "여러분도 가정이 있어 잘 아시겠지요? 어린 자녀의 얼굴이 세상에 알려지는 것은 바람직하지 않습니다."라고 이야기했다.

데일 카네기(미국 자기계발 강연자 · 작가)

"요즘은 연출의 시대다. 단순히 사실을 나열하는 것만으로는 충분하지 않다. 사실에 생동감과 흥미와 극적인 요소를 가미해야 한다. 쇼맨십이 있어야 한다. 주목받고 싶다면 이 방법이 가장 효과적이다."

기발한 연출의 효과를
깨달아야 해

몇 년 전 일간 신문 「필라델피아 이브닝 불리틴」은 악성 루머에 시달렸다. 기사는 양이 적고 보잘것없는데 광고만 많다는 소문이었다. 그래서 신문사는 특단의 조치를 취했다.

신문사는 하루치 신문에서 기사만을 전부 뽑아 분류해 한 권의 책으로 만들었다. 그 책에는 '하루'라는 제목을 붙였다. 그리고 307페이지에 달하는 두툼한 책을 여느 책값의 10분의 1도 안 되는 가격에 팔았다. 공짜는 아니었지만 공짜나 다름없었다. 그 책은 「필라델피아 이브닝 불리틴」에 재미있는 읽을거리가 많다는 사실을 극적으로 보여주었다. 독자들은 새삼 그 신문의 기사가 얼마나 정확하고 심층적인지 깨달았다. 숫자나 단순한 주장을 나열하면 몇 달이 걸려도 못할 일을 흥미롭고 인상적인 방법으로 간단히 해낸 것이다.

찰스 슈와브(미국 기업인)

"일을 시킬 때는 경쟁심을 불러일으키는 것이 중요하다. 단순히 돈에
대한 경쟁심이 아니라, 남들보다 뛰어나고 싶어 하는 인간의 경쟁의
식을 이용해야 한다."

더 잘하려면
경쟁 상대가 있어야 해

찰스 슈와브가 실적이 저조한 공장의 관리자에게 이유를 물었다.
"글쎄요……. 직원들을 닦달하고, 달래도 보았는데 열심히 움직
여주지 않습니다." 공장장은 겸연쩍은 표정을 지었다. 때마침 야
간 근무조의 교대 시간이 되었다. 슈와브는 분필 하나를 손에 집
어 든 다음 한 직원에게 물었다. "오늘 주물 작업을 몇 번이나 했
지요?" "여섯 번요." 그러자 슈와브는 바닥에 '6'이라고 크
게 쓰고는 조용히 공장을 나갔다. 야간 근무조가 들어와 바닥의
숫자를 보고는 그 뜻을 주간 근무조에게 물었다. "오늘 사장님이
다녀갔는데, 작업을 몇 번 했는지 물어보더니 그렇게 쓰고 갔어."

다음날 아침 슈와브는 다시 공장에 들렀다. 야간 근무조가 숫자
'6'을 지우고 '7'이라고 써 놓은 것이 보였다. 그날 그것을
본 주간 근무조는 야간 근무조가 자신들보다 더 빨리 작업했다고
생각해 경쟁심이 불타올랐다. 그들은 어제보다 더 부지런히 일해
퇴근할 때는 숫자 '10'을 바닥에 써 놓았다. 그런 식으로 공장
의 능률은 하루가 다르게 높아졌다.

토머스 플래트(미국 정치인)

"산후안 언덕의 전투 영웅이 이렇게 겁쟁이였단 말인가?"

081

경쟁의식은 대통령도
탄생시킨다

 남들보다 뛰어나려는 욕구, 즉 경쟁의식이 없었다면 시어도어 루스벨트는 결코 미국의 제26대 대통령이 되지 못했을 것이다. 1899년, 쿠바에서 막 귀국한 루스벨트는 뉴욕주 주지사로 선출되었다. 그런데 다른 정당에서 그가 법적으로 뉴욕주 거주민 자격이 없다며 격렬히 반발했다. 그것은 충분히 일리 있는 주장이었던 터라, 루스벨트는 지레 겁을 먹어 사퇴하려고 했다. 그때 뉴욕 출신 상원의원이었던 토머스 플래트가 인용한 문장을 소리치며 루스벨트에게 크게 호통을 쳤다. 그러자 시어도어 루스벨트는 그 말 한 마디에 다시 경쟁심이 불타올라 반대파와 끝까지 싸우기로 결심했다. 그리고 그 이후의 일은 역사가 말해주고 있다. 루스벨트의 경쟁의식을 자극한 플래트의 한마디가 그의 인생뿐만 아니라 미국 역사에도 지대한 영향을 끼쳤던 것이다.

알 스미스(미국 뉴욕주 주지사)

"자네가 주저하는 것도 당연해. 거기는 아주 힘든 자리니까. 여간 거물이 아니고서는 그 자리를 감당해내기 힘들지."

082

경쟁심이 위험을
무릅쓰게 한다

 알 스미스가 뉴욕주 주지사였을 때 악명 높은 씽씽교도소 소장을 맡길 사람이 없어 고민했다. 그 감옥에는 숱한 추문이 나돌았다. 스미스는 그곳을 지배할 수 있는 강력한 인물이 필요했다. 하지만 자원자가 없자, 스미스는 다른 교도소에 근무하고 있던 워든 로즈를 불렀다. "어느 곳보다 경험 많은 사람이 필요하니, 자네가 씽씽교도소를 맡아보지 않겠나?"

 그 말에 로즈는 깜짝 놀랐다. 그 역시 씽씽교도소가 매우 위험한 곳임을 잘 알고 있었다. 겨우 3주 만에 자리에서 물러난 소장도 있었다. 앞으로의 경력에 오히려 누가 될 여지가 크기에 그는 심사숙고했다. 과연 모험할 가치가 있을까? 그때 로즈가 주저하는 것을 본 주지사가 호탕하게 웃으면서 인용한 문장을 이야기했다. 결국 그 말이 로즈의 경쟁심을 자극했다. 로즈는 '거물'이 아니고서는 감당하기 힘든 그 일을 기꺼이 자신이 해보기로 마음먹었다. 얼마 뒤 그는 씽씽교도소에 부임했고, 당대 가장 유명한 교도소장이 되었다.

하비 파이어스톤(파이어스톤타이어회사 창업자)

"단지 월급만 많이 준다고 인재가 모여드는 것이 아니다. 정당한 경쟁을 벌이면서 자기실현을 할 수 있는 기회가 있어야 더욱 뛰어난 인재가 몰린다."

인간의 자존감을
키워내는 경쟁심

성공한 사람은 누구나 경쟁을 좋아한다. 경쟁은 자기표현의 기회
다. 또한 경쟁은 자신의 가치를 드러낼 수 있는 기회이기도 하다.

요즘 각종 오디션이 열리는 까닭도 경쟁을 통해 자신의 가치를
드러내려는 사람이 많기 때문이다. 동호인 마라톤 대회를 비롯해
맥주 빨리 마시기 대회나 멍때리기 대회 같은 재미있는 이벤트가
자주 열리는 이유도 그와 다르지 않다. 인간에게는 남들보다 뛰어
나고자 하는 욕구, 그것을 통해 자존감을 얻고자 하는 욕구가 있
다. 그리고 그런 심리를 북돋우면 자기 자신은 물론, 타인에게도
아주 놀라운 성과를 거두게 할 수 있다.

남들보다 뛰어나려는 욕구, 경쟁의식에 호소하면 실패하지 않는
다.

월리엄 매킨리(미국 제25대 대통령)

"훌륭한 연설문이군. 이런 연설문을 쓸 수 있는 사람은 자네밖에 없을 걸세. 이 연설문을 적절한 경우에 사용하기만 하면 정말 끝내줄 텐데...... 당의 입장에서 보면 조금 아쉬운 부분이 있네. 미안하지만 내가 생각하는 취지에 어울리게 다시 한 번 써주지 않겠나? 연설문을 다 쓰면 다시 보내주게."

데일카네기 가르침

칭찬과 감사의 말로
시작하라

이발사는 면도하기 전에 비누 거품을 충분히 칠한다. 1896년, 윌리엄 매킨리가 대통령 선거에 출마했을 때 그와 같은 방법을 이용했다. 어느 날, 공화당 간부가 선거 연설문을 작성해 가져왔다. 그사람은 자신이 여느 달변가들보다 글을 더 잘 썼다고 자부하고 있었다. 그는 들뜬 표정으로 매킨리에게 연설문을 읽어주었다. 연설문은 꽤 훌륭했지만 완벽하다고 평가하기는 어려웠다. 몇 군데만 손보면 좋은 반향을 몰고 올 것 같았다.

매킨리는 섣불리 의견을 말해 자기를 돕는 공화당 간부의 감정을 상하게 하고 싶지 않았다. 그의 열정을 죽이고 싶지도 않았다. 그래서 매킨리는 고민 끝에, 인용한 문장대로 공화당 간부에게 정중히 이야기했다. 그 다음 일은 어떻게 됐을까? 공화당 간부는 매킨리가 시키는 대로 다시 연설문을 써 왔다. 그리고 대통령 선거 운동 기간 중 매킨리에게 가장 큰 영향력을 끼치는 인물 중 한 사람이 되었다.

찰스 슈와브(미국 기업인)

"이보게, 작업장 밖에 나가서 담배를 피워주면 고맙겠네."

데일카네기 가르침

다른 사람을 비판하면서도
존경받는 방법

지금처럼 사회 전반에 금연 문화가 자리 잡기 전에 있었던 일화
다.

찰스 슈와브가 생산 공장을 둘러보고 있을 때, 작업장 한쪽 구석
에서 직원들이 삼삼오오 모여 담배를 피우고 있었다. 그 광경을
목격한 슈와브가 살짝 미소 지으며 천천히 직원들에게 다가갔다.
그들의 머리 위에는 '금연'이라는 표지가 붙어 있었다.

그때 슈와브가 손가락으로 표지를 가리키며 "자네들은 글을 읽
을 줄 모르나!" 하고 호통 쳤을까? 아니다. 그는 결코 그런 식으
로 말하지 않았다. 슈와브는 직원들에게 다가가 자기가 갖고 있
던 담배를 꺼내 한 개비씩 건넸다. 그리고는 정중히 작업장 밖으
로 나가서 담배를 피워달라고 부탁했다. 당연히 직원들도 자신들
이 규칙을 어긴 것을 알고 있었다. 그럼에도 슈와브가 질책 한마
디 없이 일일이 작은 선물까지 쥐어주며 체면을 세워주었으니 더
욱 몸 둘 바를 몰라 했다. 그 직원들이 슈와브를 존경하지 않을 수
없었다.

존 워너메이커(미국 우정국 장관)

"고객님 마음에 들도록, 이 상품을 정성껏 포장해주세요."

미움을 사지 않고 다른 사람을 비판하는 방법

 존 워너메이커가 백화점 사업을 시작했을 때 있었던 일화다. 그는 앞서 이야기한 찰스 슈와브와 비슷한 방식으로 직원들의 잘못에 대응했다.

 존 워너메이커는 하루에 한 번씩 필라델피아에 있는 자신의 매장을 둘러보았다. 그날도 매장에 갔다가 한 고객이 카운터에서 기다리고 있는 것을 발견했다. 그런데 아무도 고객에게 다가가 관심을 기울이지 않고 있었다. 두 명의 직원들은 매장 구석에 서서 잡담을 나누고 있을 뿐이었다. 하지만 워너메이커는 한마디 질책도 하지 않은 채 조용히 카운터로 가서 대기하고 있던 고객에게 서비스를 시작했다. 그는 고객의 요구 사항에 귀 기울인 뒤 상품 값을 계산했다. 그리고는 그제야 카운터 쪽을 바라보는 한 직원을 불러 포장을 부탁하고 나서 조용히 매장 밖으로 사라졌다. 두 직원이 사장의 행동에 깜짝 놀란 것은 당연했다. 그들은 워너메이커가 아무런 비판을 하지 않았음에도 자신들의 잘못을 크게 뉘우쳤다.

데일 카네기(미국 자기계발 강연자 · 작가)

"잠깐만, 데일 카네기. 네 나이는 조카보다 두 배나 많잖아? 사회 경험도 저 애보다 몇 백 배 더 많이 했다고. 그런데 어떻게 아직 어린아이에게 너의 관점과 판단력을 기대할 수 있겠어? 네가 열아홉 살 때 어땠는지 생각해봐. 너도 툭하면 실수를 저질렀잖아?"

데일카네기 가르침

자신의 부족함을
먼저 이야기하라

나의 조카인 조세핀 카네기는 몇 년 전 고향을 떠나 뉴욕에 와서 내 비서로 일했다. 막 고등학교를 졸업한 그녀는 직장 경험이 전혀 없었다. 누구보다 뛰어난 비서가 된 지금과 달리 당시 그녀는 자주 실수를 저질렀다. 나는 매번 그녀를 나무라다가, 어느 날 문득 옆에 인용한 문장을 머릿속에 되뇌었다.

그것은 사실이었다. 어느 면에서는 내가 19살이었을 때보다 조세핀이 훨씬 슬기로웠다. 그럼에도 나는 그녀에게 칭찬 한 번 제대로 해준 적이 없었다. 그날 이후 나는 조세핀을 불러 잘못을 지적해주고 싶을 때마다 이렇게 말문을 열었다.

"조세핀, 실수했구나. 하지만 내가 네 나이 때 저지른 실수에 비하면 아무것도 아니란다. 판단력은 태어날 때부터 갖고 오는 것이 아니라 경험에서 나오는 것이지. 다음에는 이런 상황에 좀 더 주의를 기울이도록 하려무나."

그러자 조세핀도 기분 나빠하지 않으면서 자신의 잘못을 인정했다.

오언 영(미국 법률가)

"이렇게 생각해볼 수 있지 않을까? 이렇게 해보면 더 잘 되지 않을까?"

타인에게 명령하기보다
제안을 하라

나는 최근에 전기 작가인 아디다 타벨 여사와 식사할 기회가 있었다. 우리의 화제는 인간관계로 옮겨져 활발하게 의견을 나누었다. 그녀는 오언 영의 전기를 쓸 당시 그와 같은 사무실에서 3년간 근무했던 사람을 인터뷰했던 일을 이야기했다.

사무실 동료에 따르면, 영은 누구에게도 함부로 명령한 적이 없다고 했다. "이렇게 해.", "저렇게 해." 또는 "이렇게 하지마.", "저렇게 하지 마."라는 식으로 말한 적이 없다는 것이다. 그 대신 그는 인용한 문장처럼 명령이 아닌 제안을 했다. 그는 편지를 쓰면서도 "이 점에 대해 어떻게 생각해?"라고 묻고는 했다. 직원이 써온 보고서를 살피고는 "이 부분을 이런 식으로 고치면 더 좋을 것 같아."라는 식으로 조언했다. 그는 항상 사람들에게 스스로 뭔가를 깨달을 수 있는 기회를 주었다. 그런 방법을 쓰면 상대방의 잘못을 바로잡기가 훨씬 쉽다. 그런 방법이 상대방의 체면을 세워주고 반감을 사라지게 하는 효과를 발휘하기 때문이다.

마셜 그랜저(미국 공인회계사)

"직원을 해고하는 것은 기분 좋은 일이 아닙니다. 하물며 해고당하는 일은 더 괴롭겠지요. 스미스 씨, 그동안 일을 참 잘해주셨습니다. 특히 지난번 뉴욕 출장 건은 정말 어려운 일이었는데 무난히 해결해주셨지요. 당신은 그만한 실력이 있으니 어느 곳에서든 인정받으실 겁니다. 기회가 되면 우리와 다시 일하실 수도 있고요."

상대방의 체면을
살려주어라

한때 미국 공인회계사들은 임시직 직원을 많이 고용했다. 특히
연말 연초에 일이 바빠 고용한 직원들을 3월쯤 내보내야 하는 경
우가 흔했다. 물론 처음에 고용하면서 임시직 계약서를 썼기 때문
에 직원들은 별다른 불만을 갖지 않았다. 그럼에도 마셜 그랜저는
상대방의 입장을 헤아리며 용기를 북돋워주었다. 그 효과가 어땠
을까? 임시직 직원들은 그렇게 해고당한 후에도 좋은 감정을 갖고
회사를 떠났다. 그리고 회사에서 다시 자신들을 필요로 할 때 흔
쾌히 돌아와 주겠다고 약속했다.

상대방의 체면을 세워주는 것은 매우 중요한 일이다. 그런데 그
문제를 진지하게 생각하는 사람이 의외로 별로 없다. 자기의 목적
을 관철하기 위해 상대방의 기분을 쉽게 짓밟고 넘어가는 것이다.
좀 더 신중히 건네는 사려 깊은 한두 마디 말이 훨씬 효과적인 데
도 말이다.

무스타파 케말(튀르키예 대통령)

"전쟁은 게임과 같아서 뛰어난 장군이 가끔 패배하기도 합니다. 실력이 항상 승패를 가르는 것은 아니지요."

승리의 기쁨 속에서도
패자를 존중하라

1922년, 수백 년에 걸친 극심한 대립 끝에 튀르키예 사람들은 자국 영토에서 그리스인을 영원히 몰아내야 한다고 결정했다. 당시 무스타파 케말이 튀르키예 군대를 지휘했다. 머지않아 현대사에서 가장 치열한 전쟁이 벌어졌고, 튀르키예 군대가 승리했다. 그리스의 두 장군 트리코피스와 디오니스가 항복하기 위해 케말이 있는 곳으로 걸어올 때 터키인들은 패배한 적들에게 저주를 퍼부어댔다. 하지만 케말은 굳이 승리자의 태도를 내보이지 않았다.

"장군들, 여기 앉으십시오." 케말은 의자를 내주며 그리스 장군들의 손을 이끌었다. 그리고는 공식적인 항복 선언문을 받은 뒤, 그들이 느꼈을 패배의 충격을 덜어주고자 적군의 지휘자가 아닌 똑같은 군인의 입장에서 인용한 문장을 이야기했다.

그처럼 상대방의 체면을 살려주는 것이 중요하다는 사실을 모든 위인들은 잘 알고 있다. 케말 역시 승리의 기쁨 속에서도 그 원칙을 똑똑히 기억하고 있었다.

워든 로즈(씽씽교도소 소장)

"죄수들이 뭔가를 잘 해냈을 때 적절히 칭찬해주면, 그들은 새로운 사람이 되려고 노력하는 모습을 보인다. 사사건건 잘못을 심하게 꾸짖는 것보다 훨씬 더 효과가 있다."

채찍 대신 고기를,
비난 대신 칭찬을

나는 피트 발로우를 오래전부터 알아 왔다. 그는 동물 쇼를 하면서 평생 서커스단을 따라 돌아다녔다. 나는 피트가 새로 들여온 동물들에게 재주를 가르치는 모습을 보는 것이 즐거웠다. 그는 동물들이 조금이라도 잘하면 머리를 쓰다듬고 먹이를 주며 큰 소리로 칭찬했다. 그것은 전혀 새로운 방법이 아니다. 동물 조련사들은 예전부터 그렇게 해왔다.

그런데, 누구나 아는 그와 같은 방법을 왜 다른 사람의 행동을 바꾸려 할 때는 사용하지 않는가? 왜 채찍 대신 고기를 주고, 비난 대신 칭찬을 하지 않는 것인가? 상대방이 약간의 진전이라도 보이면 적극 칭찬해주자. 그는 그 칭찬에 힘을 얻어 더욱 잘하려고 노력할 것이다. 나 역시 지난 삶을 되돌아보니, 몇 마디 칭찬의 말이 인생에 큰 전환점이 된 기억이 있다. 당신의 인생에는 그런 일이 없었나? 칭찬은 마법 같은 변화를 보여준다.

윌리엄 제임스(철학자 · 미국 하버드대학 교수)

"우리의 가능성에 비하면, 우리는 대부분 절반만 깨어 있다. 우리의 육체적 · 정신적 능력 가운데 극히 일부분만 사용하고 있는 것이다. 이 말을 넓은 의미로 확대하면, 인간은 자신의 능력이 갖는 한계에도 훨씬 못 미치는 삶을 살고 있다는 뜻이다. 인간에게는 더 많은 능력이 있지만 거의 모든 사람들이 그 능력을 사용하지 못한다."

누군가의 숨겨진 재능을 깨닫게 해주어라

만약 누군가 우리에게 숨겨진 재능이 있다는 사실을 깨닫게 해 준다면, 우리는 지금보다 훨씬 더 놀랍고 능동적인 인생을 살아갈 수 있다.

1922년, 캘리포니아 외곽에서 아내와 함께 힘든 시절을 보내는 젊은이가 있었다. 그는 노래를 잘해 이따금 결혼식 축가를 불러주고는 5달러 정도를 벌기도 했다. 하지만 그와 아내는 살림이 너무 어려웠다. 부부는 포도 농장에 있는 낡은 집에 세 들어 살며, 그곳에서 일한 대가로 근근이 생활을 꾸려갔다. 그러다 보니 평소 소망하던 가수의 꿈은 접을 수밖에 없었다. 그런데 우연히 그의 노래를 들은 영화제작자 루퍼트 휴즈가 큰 변화를 가져다주었다. 휴즈는 가난한 젊은이에게 "자네는 노래 실력뿐만 아니라 목소리도 아주 좋군. 꼭 뉴욕으로 가서 음악 공부를 해보게."라고 말했다. 훗날 젊은이는 그날의 자그마한 격려가 인생의 전환점이 되었다고 고백했다. 그의 이름은 미국의 위대한 오페라 가수로 성장하는 로렌스 티베트였다.

사무엘 보클레인(볼드윈로코모티브웍스 대표)

"사람들은 흔히 자기가 가진 능력을 높이 평가해주는 상대가 이끄는
대로 쉽게 움직이는 경향이 있다."

093

작은 장점이라도 찾아내 얘기해주어라

뉴욕 스카스데일에 사는 어니스트 젠트 부인은 새로 고용하기로 한 젊은 하녀에게 다음주 월요일에 집으로 오라고 말했다. 그리고 는 그녀가 전에 일한 곳에 전화해 이것저것 물어보았다. 새로 고 용한 하녀는 대체로 괜찮았으나 청소를 깨끗이 하지 않는 단점이 있었다. 부인은 별 문제가 아니라고 생각하며, 하녀를 처음 대면한 자리에서 이렇게 말했다.

"넬리, 실은 내가 전 주인에게 전화해서 너에 대해 좀 물어봤어. 정직하고 믿을 만한 사람이라고 하더구나. 특히 요리를 잘하고 아 이들을 잘 돌본다면서? 하지만 청소는 완벽하지 않다는 말도 들었 어. 글쎄, 그건 사실이 아닐지도 모르지. 네가 옷을 이렇게 단정히 입었는데, 청소도 잘하지 않겠어? 옷차림이 깨끗한 사람이 집안 청소를 게을리 할 리 없잖아? 앞으로 우리 잘 지내보자."

그날 이후 그들은 실제로 잘 지냈다. 넬리는 부인의 기대에 부응 하고자 청소까지 더 신경 쓰며 열심히 일했다.

워든 로즈(씽씽교도소 소장)

"범죄자를 만날 일이 있다면, 그를 신사인 양 대하라. 신사의 대우를 받으면 그는 신사로서 부끄럽지 않게 행동하려고 노력할 것이다. 누군가 자신을 신뢰한다는 사실을 매우 뿌듯하게 생각할 것이다."

094

사람은 믿음을
주는 만큼 변한다

윌리엄 셰익스피어는 "비록 그렇지 않더라도, 그 사람이 어떤 덕목을 갖추고 있는 것처럼 행동하라."라고 말했다. 미국 육군의 고위 장교였던 제임스 하보드는 그 말을 적극적으로 실천했던 인물이다. 그는 프랑스에 주둔 중인 200만 미군 병사들 앞에서 "여러분이 가장 용맹하고 이상적인 군인이다!"라고 외쳤다. 장군이 자신들을 그렇게 생각하고 있다는 사실을 알게 된 병사들은 그의 기대에 어긋나지 않기 위해 더 열심히 노력했다.

미국 속담에 "한 번 나빠진 평판은 되돌리기 어렵다."라는 말이 있다. 그렇다면 주변 사람들에게 악평이 아니라 호평을 듣게 된다면 어떨까? 말하나 마나 부자든 가난뱅이든, 도둑이든 평범한 이웃이든, 거의 모든 사람들이 호평하는 주변 사람들의 기대에 부응하려고 노력할 것이 틀림없다.

로엘 토머스(데일 카네기의 친구)

"데일, 이 게임은 아주 쉬워. 기억력과 약간의 판단력만 있으면 되는
거야. 자네는 기억력에 관한 책까지 썼잖아. 그러니 브리지 게임은 자
네한테 식은 죽 먹기야."

095

데일카네기 가르침

격려해주면
더욱 열심히 노력한다

나는 최근에 친구인 로엘 토머스 부부와 함께 주말을 보냈다. 토요일 밤, 모닥불 앞에 모여 앉은 우리는 브리지 게임을 하기로 했다. 그런데 나는 브리지 게임을 잘 못 했다. 그것은 나에게 영원한 수수께끼 같은 일이었다. 그때 토머스가 인용한 문장을 내게 이야기했다. 그래서였을까? 잠시 뒤 나는 아주 자연스럽게 브리지 게임에 참여하고 있었다. 친구가 내게 식은 죽 먹기라고 하니 정말 쉬운 게임처럼 느껴져 흔쾌히 게임에 참여했던 것이다.

자녀나 배우자나 직원에게 그들이 무능하다거나 재능이 없다고 야단치면 잘하고 싶은 마음이 싹 사라질 것이다. 그러니 정반대 방법을 사용해보라. 즉 격려를 아끼지 않으면서, 그 일을 거뜬히 해낼 수 있다며 상대방의 능력을 믿는다고 말해주어라. 그러면 그 사람은 자신의 우수성을 보여주려고 더욱 열심히 노력할 것이다.

윌리엄 매커두(미국 재무장관)

"그는 자신이 새롭게 내각을 구성하고 있는데, 내가 재무장관을 맡아 주면 더없이 기쁘겠다고 말했다. 그는 상대방이 듣기 좋게 말하는 재주가 있었다. 그와 같은 방식으로 어떤 제안을 받으면, 결국 그 사람의 선택에 따르는 일인데도 오히려 내가 호의를 베푸는 것 같은 느낌이 들게 된다."

즐거운 마음으로
협력하게 하라

인용한 문장에서 '그'는 미국 제28대 대통령 우드로 윌슨이다. 그는 윌리엄 매커두를 자신이 구성한 정부에 장관으로 임명하기 위해 상대방이 스스로 아주 중요한 사람이라고 느끼게 만들었다. 장관은 누구에게나 명예로운 지위가 아닌가. 그럼에도 현명하고 경험 많은 윌슨 대통령은 자기가 호의를 베푼다는 식으로 말하지 않았다. 그 대신 그는 '언제나 내가 제안하는 것을 상대방이 기꺼이 하게 만들라.' 라는 인간관계의 중요한 규칙을 따랐다.

'더블데이페이지' 라는 출판사도 그러한 인간관계의 규칙을 제대로 실천한 회사였다. 더블데이페이지 출판사가 얼마나 그 규칙을 잘 이용했던지, 작가 오 헨리는 다른 출판사에서 자신의 작품을 흔쾌히 받아줄 때 못지않게 그곳에서 출판을 거절당하는 것에 유쾌한 기분을 느낄 정도였다고 이야기했다. 그 이유는 더블데이페이지의 거절 방식이 더없이 정중하고, 작가로서 자존감을 갖게 만들었기 때문이다.

나폴레옹 1세(프랑스 황제)

"때로는 장난감으로 지배당하는 것이 인간이다."

적절히 포상하고, 명예를 느끼게 하라

나폴레옹은 자신이 만든 훈장을 수많은 병사들에게 뿌렸고, 무려 18명에 달하는 장군들에게 '프랑스 대원수'라는 직위를 하사했다. 일부 사람들이 전쟁터에 나가 있는 병사들에게 그깟 '장난감'이나 주는 것이 무슨 의미냐고 비판했지만 그때마다 나폴레옹은 인용한 문장으로 답했다. 그처럼 상대방이 명예를 느낄 만한 포상과 권위를 부여하는 방법은 나폴레옹이 전쟁에서 승리하고 정치 활동을 하는 데 큰 도움이 되었다.

그와 같은 방법은 일상생활에서도 유용하게 쓰일 수 있다. 뉴욕에 사는 겐트 부인은 툭하면 담을 넘어와 정원을 엉망으로 만들어 놓는 개구쟁이 소년들 때문에 골치가 아팠다. 여러 차례 혼내고 구슬려 보기도 했지만 별 효과가 없었다. 그래서 부인은 개구쟁이들을 이끄는 아이를 '대장'이라고 부르며 정원을 보호하는 임무를 맡겼다. 그러자 놀랍게도 대장은 친구들의 해찰스런 장난을 스스로 통제하기 시작했다.

소피야 안드레예브나 베르스(레프 톨스토이의 아내)

"아, 내가 너희들의 아버지를 죽게 만들었구나. 스스로 생각해봐도,
내가 미치지 않았나 싶어......."

작은 불씨가 큰 불화로
이어질 수 있다

결혼 초, 레프 톨스토이 부부는 너무도 행복했다. 하지만 48년이 지나자 톨스토이는 아내를 쳐다보는 것조차 싫어했다. 톨스토이의 삶은 비극이었다. 그 원인은 결혼이었다. 톨스토이는 평화를 외치며 전쟁과 가난을 없애는 일에 평생을 바치기로 마음먹었다. 하지만 그의 아내는 사치를 좋아했다. 톨스토이는 그것을 경멸했다. 아내는 사회적 명성과 칭송을 갈망했지만 그에게 그런 것은 아무런 의미도 없었다. 아내는 부를 동경했지만, 그는 부와 사유재산이 죄악이라고 믿었다. 톨스토이가 인세를 받을 수 있는 저작권을 포기하겠다고 말하자, 그의 아내는 화를 내면서 남편을 못살게 굴었다. 톨스토이가 말을 듣지 않으면 히스테리 발작을 일으키면서 죽어버리겠다고 고래고래 고함을 내지르기까지 했다.

맨 처음 그들의 불화는 아내의 잔소리에서 시작되었다. 삶과 생활에 대한 사소한 억압이 나중에는 걷잡을 수 없는 고통과 슬픔을 불러왔다.

헨리 제임스(미국 소설가 · 문학평론가)

"결혼 같은 중요한 인간관계를 맺는 데 있어 반드시 먼저 알아야 할
것이 있다. 상대방이 나의 행복 추구 방식을 자기 맘대로 바꾸려 하지
않는다면, 나도 그 사람의 방식을 인정해주어야 한다는 점이다."

데일카네기 가르침

자신과 다른 타인의
방식을 인정하라

영국 정치인 윌리엄 글래드스턴은 59년 간 행복한 결혼 생활을 했다. 훗날 영국 총리를 지낸 엄숙한 얼굴의 글래드스턴이 아내의 손을 잡고 노래하며 춤추는 모습은 꽤나 다정해 보였다. 그는 종종 "건달 남편에 극성쟁이 아내, 우리 둘이 손을 맞잡고 나아가니 세상 풍파도 아무 문제없네."라고 농담하기도 했다.

당시 정적들에게는 무척 두려운 존재였지만, 글래드스턴은 일단 가정으로 돌아가면 절대 아내의 흠을 잡지 않았다. 그는 이른 아침에 식사를 하러 침실에서 내려왔을 때 가족들이 아직 자고 있어도 가능한 한 온화하고 유머러스하게 식구들을 나무랐다. 그는 큰 소리로 노래 부르면서, 영국에서 가장 바쁜 사람이 혼자 식탁에 앉아 식구들을 기다리고 있음을 알렸던 것이다. 매사에 사려 깊은 그는 식구들을 절대로 자기 방식에 맞춰 다그치지 않았다.

에디 캔터(미국 가수 · 코미디언)

"나는 이 세상 누구보다 아내에게 감사하다. 그녀는 젊었을 때부터 나의 소중한 친구였고, 내가 바르게 살아갈 수 있도록 도와주었다. 우리는 결혼한 후 사랑스러운 다섯 명의 자녀를 얻었다. 그녀는 저축에 힘쓰고 요령 있게 투자해 상당한 재산을 모으기도 했다. 그녀는 항상 행복한 가정을 만들어준다. 내가 조금이나마 성공했다면, 그것은 전부 아내 덕분이다."

누구보다 먼저 아내를
칭찬하고 고마워하라

재미있는 일화를 하나 소개하겠다.

어느 농부의 아내가 고된 일을 끝내고 돌아온 남편에게 저녁 식사로 건초를 산더미처럼 쌓아 내놓았다. 남편이 화를 내자 그녀가 말했다. "어머나, 어떻게 알았어요? 내가 20년 동안 요리를 계속해도 뭘 먹는지 잘 모르는 것 같아 건초를 준비했는데 금방 알아차렸네!"

제정 러시아의 귀족들은 그 농부보다 훌륭한 식사 매너를 가지고 있었던 듯하다. 그들은 맛있는 식사를 하고 나면 요리사를 식탁으로 불러 음식에 대한 감사를 표하는 것이 관습이었다. 그렇다면 세상의 모든 남편들이여, 아내에게 그와 같은 배려를 하는 것이 어떨까? 저녁 식사 메뉴인 구운 닭요리가 맛있었다면, 진심을 다해 잘 먹었다는 표현을 꼭 해보라. 아울러 아내를 칭찬할 때는 당신에게 그녀가 얼마나 소중한 존재인지 이야기하는 것을 주저하지 마라.

100문장으로 읽는 데일 카네기 「인간관계론」

초판 인쇄 2024년 10월 10일
초판 발행 2024년 10월 15일

지은이 데일카네기
엮은이 콘텐츠랩
펴낸이 진수진
펴낸곳 혜민북스

주소 경기도 고양시 일산서구 대산로 53
출판등록 2013년 5월 30일 제2013-000078호
전화 031-911-3416
팩스 031-911-3417